中国旅游发展年度报告书系
Annual Development Report of China's Tourism

中国国内旅游发展年度报告 2020

ANNUAL REPORT OF CHINA DOMESTIC TOURISM DEVELOPMENT 2020

中国旅游研究院

北京·旅游教育出版社

责任编辑：郭珍宏

图书在版编目（CIP）数据

中国国内旅游发展年度报告. 2020 / 中国旅游研究院著. -- 北京：旅游教育出版社，2020.10
ISBN 978-7-5637-4173-1

Ⅰ. ①中… Ⅱ. ①中… Ⅲ. ①国内旅游－旅游业发展－研究报告－中国－2020 Ⅳ. ①F592.3

中国版本图书馆CIP数据核字(2020)第189791号

中国国内旅游发展年度报告2020
中国旅游研究院　著

出版单位	旅游教育出版社
地　　址	北京市朝阳区定福庄南里1号
邮　　编	100024
发行电话	（010）65778403　65728372　65767462（传真）
本社网址	www.tepcb.com
E‐mail	tepfx@163.com
排版单位	北京旅教文化传播有限公司
印刷单位	北京中科印刷有限公司
经销单位	新华书店
开　　本	787毫米×1092毫米　1/16
印　　张	7.5
字　　数	97千字
版　　次	2020年10月第1版
印　　次	2020年10月第1次印刷
定　　价	55.00元

（图书如有装订差错请与发行部联系）

《中国国内旅游发展年度报告 2020》
编委会

主　任　戴　斌
副主任　李仲广　唐晓云
编　委（按姓氏音序排列）
　　　　戴　斌　何琼峰　李仲广　马仪亮　宋子千
　　　　唐晓云　吴丰林　吴　普　杨宏浩　杨劲松

《中国国内旅游发展年度报告 2020》
编写组

主　编
郭　娜　中国旅游研究院规划与休闲研究所助理研究员、博士
编辑部成员（按姓氏音序排列）
郭　娜　黄　璜　李鹏鹏　李　雪
王　恒　吴丰林　徐文力　翟慧敏

前　言

2019年是实施"十三五"规划、决胜全面建成小康社会的冲刺之年。2019年，旅游经济继续保持高于GDP增速的较快增长。2019年我国旅游消费保持高速增长趋势，供给侧结构性改革成效明显。全年国内游客60.06亿人次，比2018年增长8.48%；国内旅游收入5.73万亿元，比2018年同期增长11.65%。文旅融合、全域旅游进程加快，旅游服务质量稳步提升，区域旅游均衡化趋势进一步显现。

2020年春节以来，新冠肺炎疫情给旅游经济带来严重冲击，由于支撑旅游业发展的中国经济基本面不会改变，持续增长的大众旅游基本面没有改变，2020年旅游经济总体不至于太悲观。全年要贯彻落实党的十九届四中全会、中央经济工作会议、国家文化公园建设精神，按照中央确定的旅游业高质量发展总体要求，围绕旅游业疫情应对和疫后重建重点工作，集中抓好国内旅游消费潜力的恢复和释放，重点关注市场下沉和消费升级的新空间。继续加强文旅融合、全域旅游、科技创新、市场主体培育等重点工作。进一步发挥旅游产业对稳就业和促消费的压舱石和稳定器作用，推动旅游治理体系和治理能力现代化。

一、2019年国内旅游业发展呈现持续向好态势

（一）国内旅游市场发展持续向好

国内旅游业环境稳定向好。2019年，全国文旅系统认真学习贯彻习近平新时代中国特色社会主义思想和党的十九大精神，以中华人民共和国70周年等重大活动为契机，按照"易融则融、能融尽融"的总体要求，坚定不移推进供给侧结构性改革，旅游经济稳就业和促销费的压舱石和稳定器作用更为突出。在国内外经济下行压力较大的宏观环境下，2019年旅游经济运行指数（CTA-TEP）为116.44，处于"相对景气"运行区间，同比上升2.05个点。

国内旅游业发展实现稳步增长。2019年，全国旅游推动旅游经济实现了较快增长，大众旅游时代的市场基础更加厚实，产业投资和创新更加活跃，经济社会效应更加明显。2019年全年，国内旅游人数60.10亿人次，比上年同期增长8.48%。其中，城镇居民44.71亿人次，占比74.44%，增长8.5%；农村居民15.35亿人次，占比25.56%，增长8.1%。国内旅游收入5.73万亿元，较上年同期增长11.65%。其中城镇居民花费4.75万亿元，占比82.98%，增长11.52%；农村居民花费0.97万亿元，占比17.02%，增长11.96%。总体来说，我国旅游业发展良好的基本面没有改变，有利条件和机遇仍然很多，我国旅游业仍处于黄金发展期，旅游市场不断扩大。

（二）区域旅游非均衡格局未变，发展趋势向好

1. 区域间潜在出游力差距呈现出明显的收敛趋势

2020年，客源地潜在出游力在东中西三大区域之间的比例大约为6.0∶2.6∶1.4，相比较长期处于"7∶2∶1"的三级阶梯状分布格局，继续呈现收敛趋势。即我国的客源市场有60%源自东部地区，26%源自中部地区，14%源自西部地区。而从发展趋势来看，东部地区累计潜在出游力所占比重由2010年的70%下降到2020年的60%，呈现逐年降低趋势。与此同时，中西部地区所占比重在不断升高，累计潜在出游力所占比重由2010年的30%提升到2020年的40%，区域之间的差距呈现出明显的收敛趋势。

2. 中西部地区旅游产业速度依然高于东部

全国31个省（市、区）旅游目的地发展指数的区域分异依然显著，东部地区由于经济社会发达、旅游产业基础良好，依然是国内旅游目的地的核心区域。伴随着西部大开发、"一带一路""旅游+"以及全域旅游等一系列国家战略的不断推进，中西部地区旅游产业发展速度不断提升，项目和资本逐步向中西部聚焦，中西部的产业化速度高于东部地区。2019年中、西部地区旅游收入的增长率分别为16.41%和25.24%，超过东部地区的11.82%。中西部地区旅游发展的后发效应与比较优势逐渐凸显。区域之间的合作与战略连接不断加强，使得旅游业正在成为影响中国经济走向的重要力量，为解决我国区域间不平衡发展问题提供了一定的支撑。

3. 区域之间客流互动加强，促使均衡化发展格局显现

区域旅游流空间格局总体稳定，东部地区在旅游客流量和旅游交通便捷度方面均保持较强优势。其中客流量方面依然以东部三大经济区之间、三大经济

区与成渝经济区之间、长三角与中部地区之间旅游流为主。旅游通道便捷度方面，长三角内部的便捷度指数在区域尺度相对较高，达到 17.60，省级尺度则以北京流向天津的旅游流相对最强，达到 19.98。

从全国范围来看，上海流向长三角内部的旅游流通道便捷度最高，便捷度指数是 17.60，其次是北京流向环渤海内部的旅游流通道便捷度较高，便捷度指数是 9.85，北京流向东北地区、上海流向珠三角经济区、广东流向长三角经济区、广东流向中部地区、湖南流向中部地区内部、湖南流向珠三角经济区的旅游流通道便捷度也较高，便捷度指数均不小于 1。而辽宁流向云贵地区的旅游流通道便捷度最低，便捷度指数仅为 0.06，辽宁流向成渝地区、四川流向东北地区的旅游流通道便捷度次之，便捷度指数均为 0.1。旅游流的快速增长带动着资金流、信息流、人才流以及文化流的互动发展，对区域间均衡发展起到促进作用。

（三）国内旅游呈现出市场下沉、消费升级的新特征

市场正在下沉。从整个区域结构看，整个中国经济体量目前的状态是越往下、越往基层的经济空间越大。旅游消费人群开始向更为辽阔的三四线城市扩散。其中，张家界、义乌、喀什、宜兴、西昌、丽水、开封、荆州、遵义、泰安等城市消费潜力持续释放，2019 年人均消费同比增长 50% 以上。国内外酒店品牌也呈现出向三四线市场下沉趋势，这在一定程度上缓解了酒店的区域分布不平衡问题。市场主体的布局下沉带来了新活力。虽然人均消费能力达不到一、二线城市水平，但在消费时间、传播力度等方面的优势，使下沉市场开始成为资本角力的主战场。OYO 于 2017 年 11 月进入中国，注重下沉市场，秉着"花更少住更好"的理念，截至 2019 年底已经覆盖全国 338 个城市，签约 13 000 家酒店，约 59 万间客房。OYO 酒店已经成为中国最大的单品牌酒店、第二大酒店集团。携程旅游门店于 2017 年 6 月开业。截至 2019 年底，线下门店包括去哪儿、携程旅游、旅游百事通门店目前已将近 8000 家，覆盖 86% 的地级城市。

消费正在升级。文旅融合助推了消费升级新动力。文化和旅游消费更趋日常化，引导消费升级新方向。中国旅游研究院专项调查显示，九成以上受访者认为文化消费既是生活必需品，更能提高生活质量和幸福感。上海文化云平台上，演出、亲子、培训等文化服务类活动的预订率及到场率可达到 95% 以上。越来越多的游客喜欢感知当地文化、体验当地生活方式。2019 上半年游客参与文化活动的比例高达 84.4%，四成以上的游客体验过人文旅游景点、历史文化街区，体验过博物馆、美术馆、文化馆、科技馆的游客比例达25%~30%，26%的游客文化消费占旅游总消费30%以上。

（四）国内旅游发展创新案例

1. 物联龙虎山，观光新体验

多年来，江西龙虎山智慧旅游的发展始终走在全国前列。随着科技发展和5G时代的到来，2019年江西龙虎山在全国率先实现了5G全覆盖，打造智慧物联景区，并应用数字化技术，把丰富的文化旅游资源，以更有趣生动的体验方式呈现到游客面前。5G+AR智慧导览——基于5G通信环境，应用AR、LBS等技术，在龙虎山各主要景点进行点位设置，游客抵达指定景点时通过手机能看到融入了鲜活卡通形象的AR实景导览介绍，让游客可以更生动形象地了解眼前景观的文化内涵和历史背景。5G+VR直播——这是5G赋能龙虎山景区，打造物联网时代旅游观光全新体验的智慧旅游应用。凭借5G、物联网、8K+VR、云计算等技术，通过VR直播全景摄像机，秀美如画卷的泸溪河、仙水岩景区捕鱼的鸬鹚，震撼刺激的悬棺表演……这一切都能实现"千里之外，身临其境赏美景"。

2. 5G时代，主题乐园的变革

2019年5月16日，深圳欢乐谷正式与中国电信携手启动"中国首个5G+体验乐园"战略合作。此次合作是深圳欢乐谷作为中国主题公园行业领跑者在5G时代的一次重大战略布局，标志着中国主题乐园进入"5G+"娱乐新时代。5G技术走进深圳欢乐谷，在主题乐园行业也将酝酿起一场游戏规则的革新。未来游客将在深圳欢乐谷园区感受到5G"飞"一般的畅快网速，还将陆续玩到基于5G通信技术打造的虚拟现实、增强现实、4K全景、全息影像等以往只能在"超级玩家"这样的大片中看到的"黑科技"沉浸式互动娱乐项目，园内交通工具自动驾驶技术、随车智能导览播报、智能客服机器人、MR体验式导览、智能售卖机器人等创新服务模式的出现，可以让游客服务环节成为一场新奇有趣的体验之旅。

3. 区块链赋能文旅产业，科技革新打造"数字云南"

将景区门票上"链"，交易即开发票，信息可查、可验、防篡改……2019年7月20日，在由云南省人民政府主办的2019年首届"数字云南"区块链国际论坛上，云南省人民政府省长阮成发与腾讯副总裁、腾讯云总裁邱跃鹏，通过"游云南"平台共同开出全国第一张区块链电子冠名发票。这是云南省与腾讯公司将区块链应用于税务领域的一次新探索，也是"一部手机游云南"项目和"游云南"平台立足于云南智慧旅游场景，助力"数字云南"建设的又一里程碑。

区别于传统电子发票，"游云南"区块链电子冠名发票把原有纸质冠名票线上化，基于区块链技术，使一张小小的门票信息具备了分布式存储、全流程完整追溯、不可篡改等特性，同时通过"资金流、发票流"二流合一，实现"交易即可开发票"。让开票更简单，让游客体验智慧便捷，安心省心。腾讯公司、腾云公司将联合云南省做深做透应用场景，把区块链电子发票应用到更多的智慧旅游场景中，推动区块链技术应用的全面落地，打造"数字云南"时代信任基石。

4. 智慧平台助推行业发展，高新技术强化文旅建设

由重庆市文化和旅游发展委员会与重庆旅游集团联手打造的"重庆文旅云"便是智慧文旅平台的典型代表。在数据管控方面，重庆文旅云推出了文旅大数据"驾驶舱"、文旅"口袋云"两款产品，能够为文化旅游职能部门提供精准、高效的数据支撑和移动化管控，并为全市文化旅游从业者提供数据咨询服务。未来可实现把文旅数据装进口袋，随时随地一手掌控全市文旅客流数据、业态指标、异常感知、联动预警等。

重庆旅游云公司还推出了文旅 AIOT（智能物联）综合管控平台。该平台利用大数据、物联网技术，实现景区人、财、物数据的可视、可控、可管，包括游客画像、客源地分析、趋势分析、文旅设施设备、文旅舆情、文旅消费、文旅运营、资源能耗和文旅营销等运行数据的实时采集和可视化分析，从而提升管理效率，降低运营成本，强化应急事件响应能力，实现移动化管控。

二、2020年旅游业基本面没有变，总体不至于太悲观

（一）虽受新冠肺炎疫情影响，但支撑旅游业发展的中国经济基本面不会改变

由于新冠肺炎疫情的强传染性，叠加春节节点、世卫组织列入"PHEIC"、中美贸易摩擦等因素，此次疫情对经济影响短时间内高于2003年"非典"。更加优化的经济结构和发展质量、更强的疫情防控能力，以及线上新经济替代等正面影响，我们有理由对经济恢复增长的潜力和速度保持乐观预期。6月疫情基

本得到了有效控制，国民经济也将从第三季度开始恢复增长。中国在世界经济和全球价值链中的地位都不会发展根本变化，旅游业发展的国际、国内环境也不会发生不可逆转的恶化。

（二）持续增长的大众旅游基本面没有改变

中国已经进入大众旅游新时代，旅游已经成为大众日常生活的重要组成部分，节假日外出旅游也是越来越显化的新民俗。本次疫情的影响是暂时的，刚性旅游消费的基本面和中长期趋势不会改变。中国旅游研究院的专项调查显示，第三季度我国居民出游意愿为80.22%，同比恢复九成左右，自驾出游和选择自然风景区的比例分别占比达四成。国内跨省游放开之后，城乡居民出游意愿和旅游消费进一步增长。考虑到中秋、国庆假日旅游的强力支撑，以及我国较高的居民储蓄率，更多潜在旅游市场需求会在下半年有序释放。

（三）快速响应与精准管控疫情，稳步推进经济社会恢复正常，将是国家和地方工作的主基调

在疫情防控常态化条件下，综合考虑宏观经济和市场因素，我们对2020年下半年旅游经济运行持"相对乐观"，也即"3+—4-"的预期。全年旅游经济呈"U形"恢复和振兴发展态势将是大概率事件，也不排除北京等少数省市呈"W形"波动的可能。预计全年国内旅游人数34.26亿人次，同比负增长43%；国内旅游收入2.76万亿元，同比负增长52%。

目 录
CONTENTS

第一章 国内旅游发展状况与特征 ································· 1
 一、2019年国内旅游发展的总体情况 ························· 2
 二、2020年国内旅游发展的趋势展望与建议 ················· 8

第二章 国内旅游市场特征 ·· 11
 一、国内旅游市场总体研究 ···································· 12
 二、国内旅游出游潜力特征 ···································· 19
 三、国内旅游市场消费特征 ···································· 24
 四、国内旅游市场行为特征 ···································· 27

第三章 国内旅游产业发展特征 ····································· 35
 一、2019年旅游目的地空间结构特征 ························ 36
 二、科技创新对文旅产业产生变革性影响 ··················· 58
 三、国内旅游目的地科技创新案例 ···························· 59

第四章 国内旅游客流空间流动特征 ······························ 65
 一、大尺度旅游客流分析 ······································· 67
 二、中尺度旅游客流分析 ······································· 76
 三、旅游流通道便捷度 ·· 89

第五章　国内旅游节假日市场特征 …………………………………… 101

一、假日旅游引领市场回暖 ……………………………………………… 103

二、假日旅游"安全出行站 C 位",高品质、预约游成为新常态 ……… 105

三、假日旅游公共服务和综合治理以常态化疫情防控为主基调 ………… 107

第一章
国内旅游发展状况与特征

一、2019 年国内旅游发展的总体情况

2019 年是实施"十三五"规划、决胜全面建成小康社会的冲刺之年。2019 年我国旅游消费保持高速增长趋势，供给侧结构性改革成效明显。全年国内游客 60.1 亿人次，比 2018 年增长 8.48%；国内旅游收入 5.73 万亿元，比 2018 年同期增长 11.65%。

（一）国家政策情况

2019 年全年发布国家级旅游政策 9 个，在旅游市场、旅行社等行业管理方面、乡村旅游可持续发展等发展建议方面出台了一系列规范政策与规章办法，为我国旅游业"文旅融合"的深入良性发展保驾护航。

1. 国家层面大政方针

2019 年文旅融合进展顺利，按照"宜融则融、能融尽融；以文促旅、以旅彰文"的工作思路，以文化拓展旅游经济发展空间，以供给侧改革促进品质旅游发展，不断增强民众对旅游的获得感。

2019 年 1 月，中央一号文件《中共中央国务院关于坚持农业农村优先发展做好"三农"工作的若干意见》中写道："允许县级按规定统筹整合相关资金，集中用于农村人居环境整治。鼓励社会力量积极参与，将农村人居环境整治与发展乡村休闲旅游等有机结合。""充分发挥乡村资源、生态和文化优势，发展适应城乡居民需要的休闲旅游、餐饮民宿、文化体验、健康养生、养老服务等产业。加强乡村旅游基础设施建设，改善卫生、交通、信息、邮政等公共服务设施。"突出休闲农业和乡村旅游在解决"三农"问题中的比重。

2019 年 6 月下旬，国务院发布《国务院关于促进乡村产业振兴的指导意见》，文件中再次强调"实施休闲农业和乡村旅游精品工程，建设一批设施完备、功能多样的休闲观光园区、乡村民宿、森林人家和康养基地，培育一批美丽休闲乡村、乡村旅游重点村，建设一批休闲农业示范县""推进农业与文化、旅游、教育、康养等产业融合，发展创意农业、功能农业等"，从政策层面上鼓

励发展休闲农业、乡村旅游实现乡村振兴。

2019年9月，国务院发布《国务院办公厅关于促进全民健身和体育消费推动体育产业高质量发展的意见》，意见中指出"探索将体育旅游纳入旅游度假区等国家和行业标准。实施体育旅游精品示范工程，打造一批有影响力的体育旅游精品线路、精品赛事和示范基地。规范和引导体育旅游示范区建设。将登山、徒步、越野跑等体育运动项目作为发展森林旅游的重要方向"，鼓励体旅融合发展。

2.文化和旅游部层面文件规定

2019年是文旅融合进一步深入发展的一年。为进一步提高旅游管理服务水平，提升旅游品质，推动旅游业高质量发展，文化和旅游部1月发布了《文化和旅游部关于实施旅游服务质量提升计划的指导意见》。《意见》提出"到2020年，促进旅游服务质量提升的政策合力进一步增强，市场秩序进一步规范，旅游的舒适度进一步提升，旅游市场环境和消费环境进一步改善，旅游服务成为中国服务的重要代表，为质量强国建设做出积极贡献"，目标是"通过提升旅游区点、旅行社的服务水平，规范和优化旅游住宿、在线旅游经营服务，提高导游和领队业务能力，建立完善旅游信用体系，不断增强旅游市场秩序治理能力，提升旅游服务质量，推动旅游业高质量发展。"

2019年3月，文化和旅游部印发《国家全域旅游示范区验收、认定和管理实施办法（试行）》和《国家全域旅游示范区验收标准（试行）》，对全域旅游示范区的概念进行了界定，并制定了评价标准。"示范区聚焦旅游业发展不平衡不充分矛盾，以旅游发展全域化、旅游供给品质化、旅游治理规范化和旅游效益最大化为目标，坚持改革创新，强化统筹推进，突出创建特色，充分发挥旅游关联度高、带动性强的独特优势，不断提高旅游对促进经济社会发展的重要作用。"

2019年3月，为着力推进旅游演艺转型升级、提质增效，充分发挥旅游演艺作为文化和旅游融合发展重要载体的作用，文化和旅游部印发《关于促进旅游演艺发展的指导意见》，主要目标为"到2025年，旅游演艺市场繁荣有序，发展布局更为优化，涌现一批有示范价值的旅游演艺品牌，形成一批运营规范、信誉度高、竞争力强的经营主体。旅游演艺产业链更加完善，管理服务体系基本健全，在推动文化和旅游融合发展中的重要作用充分彰显，对相关产业行业的综合带动作用持续发挥。"

2019年5月，为进一步统一规划体系，完善规划管理，提高规划质量，不断提升文化和旅游规划工作的科学化、规范化、制度化水平，文化和旅游部制定并印发了《文化和旅游规划管理办法》，对今后文化和旅游规划的相关工作做出了相应规定。

2019年10月，为保障旅游者合法权益，规范在线旅游市场秩序，促进在线旅游产业可持续发展，文化和旅游部研究起草了《在线旅游经营服务管理暂行规定（征求意见稿）》，并公开征求意见。《暂行规定》明确了适用范围和相关主体、平台相关责任，回应了社会热点问题，增加了旅游者自损规定。

2019年12月，为了规范国家级旅游度假区的认定和管理，促进旅游度假区高质量发展，文化和旅游部发布《国家级旅游度假区管理办法》，对国家级旅游区的日常管理提出了要求。通过规范国家级旅游度假区认定和管理，促进旅游度假区不断丰富度假休闲产品供给，提高服务和管理质量，持续提升建设发展水平和品牌影响力，更好地满足人民日益增长的度假休闲旅游需求。推动旅游度假区发展，对优化旅游产品结构、促进旅游业转型升级具有重要意义。

3.2019年非物质文化遗产相关进展

2019年7月，文化和旅游部发布《曲艺传承发展计划》，该计划对于推动曲艺传承发展，弘扬中华优秀传统文化，传承中华文脉，增强文化自信，繁荣文艺事业，推动文化建设，满足人民群众日益增长的美好生活需要都具有重要意义。工作目标是"到2025年，曲艺类国家级非遗代表性项目档案建设和国家级代表性传承人记录工作基本完成；曲艺类非遗传承人群研修研习培训覆盖范围进一步扩大，曲艺类非遗传承人群文化自信和可持续发展能力进一步提高；曲艺演出场所数量和演出实践频次持续增长，形成一批驻场演出场所和专题品牌活动。通过本计划的实施，曲艺的整体活力显著增强，存续状态持续好转，曲种特色更加鲜明，传承队伍有效扩大，受众群体明显增加，曲艺在社会主义文化建设中的积极作用进一步得到充分发挥"。

2019年11月，文化和旅游部发布中华人民共和国文化和旅游部令第3号，即《国家级非物质文化遗产代表性传承人认定与管理办法》，对国家级非物质文化遗产代表性传承人的评定和日常管理做出了规定，为传承弘扬中华优秀传统文化，有效保护和传承非物质文化遗产，鼓励和支持国家级非物质文化遗产代表性传承人开展传承活动提供了基础。同月，文化和旅游部发布《国家级非物质文化遗产代表性项目保护单位名单》，文化和旅游部同意对793个涉及更名、撤销、职能调整的保护单位进行调整和重新认定，对14个检查不合格的保护单位给予限期整改，对38个检查不合格的保护单位取消其保护单位资格。

2019年12月，文化和旅游部发布《关于公布〈国家级文化生态保护区名单〉的通知》，《通知》要求，相关省级文化和旅游行政部门以及国家级文化生态保护区建设管理机构，要认真落实《国家级文化生态保护区管理办法》，不断深化对非物质文化遗产区域性整体保护的认识，推动实现"遗产丰富、氛围浓厚、特色鲜明、民众受益"的建设目标。文化和旅游部将加强指导和检查，开展国家级文化生态保护区建设绩效评估。

2019年12月底，文化和旅游部办公厅、国务院扶贫办综合司发布《关于推进非遗扶贫就业工坊建设的通知》，《通知》中指出"以传统工艺为重点，依托各类非遗项目，支持国家级贫困县设立一批特色鲜明、示范带动作用明显的非遗扶贫就业工坊（下称'非遗工坊'），帮助贫困人口学习传统技艺，提高内生动力，促进就业增收，巩固脱贫成果。逐步建立稳定、长效的非遗工坊建设和运行机制，持续扩大覆盖范围和覆盖人群，促进非遗保护传承全面融入脱贫攻坚、乡村振兴等国家重大战略，在经济社会可持续发展中发挥更大作用。"

（二）客源市场发展情况

1. 客源地出游力分布总体呈现东—西梯度递减格局

2020年，客源地潜在出游力在东中西三大区域之间的比例大约为6.0∶2.6∶1.4，相比较长期处于"7∶2∶1"的三级阶梯状分布格局，继续呈现收敛趋势。2019年我国客源地依旧集中在环渤海、长三角、珠三角、成渝四大经济区。从省级角度来看，我国出游力处于全国前五位的分别是江苏、广东、浙江、上海、山东、北京、河南。从客源地分布来看，一线以及沿海发达城市依旧是国内旅游的主体，主要原因是这些省市拥有较高的经济水平和居民消费能力，旅游已经成为当地居民的主要休闲方式之一。总体来说，东部沿海省市依旧是出游潜力最强的地区，中部稍弱，西部潜力最小。全国客源地出游力依旧是东—中—西递减格局。

2. 城乡不同群体居民出游差异特征明显

从我国客源地城乡差异来看，2018年，国内旅游人次城乡对比，全年城镇居民旅游人次达到41.19亿人次，农村居民旅游人次达到14.20亿人次。城镇居民在全年的出游人次大约是农村居民出游人次的3倍。2018年，中青年市场仍旧是我国国内旅游市场的主力军，尤其是年龄在25~34岁之间的群体，出游人次为17.29亿人次，在所有年龄段中出游人次最高。从国内游客的受教育程度来看，2018年我国国内旅游市场依旧保持高学历趋势。城镇居民大专及其以上出游者最多，为24.73亿人次，约占所有城镇出游人数的60.03%。而农村居民中最多的是大专及其以上出游者，为6.06亿人次，约占42.67%，其次是初中及以下教育程度的游客，为5.03亿人次，约占所有农村出游人数的35.43%，上述数据表明我国国内城乡游客的教育水平差异较大。

（三）目的地发展情况

2019年，我国旅游目的地目前的发展有三点趋势：景区指数持续上升、旅游目的地发展呈现"东强西弱"格局、科技创新对文旅产业产生变革性影响。

1.景区指数持续上升

将5A与4A景区作为核定各省份景区指数的主要依托，构建各地区旅游景区指数。2019年，我国国内旅游中景区指数最高的六个省份分别为江苏、浙江、河南、广东、四川（13家）和新疆（13家）。景区指数最低的五个省份分别是天津、青海、上海、宁夏和西藏。2019年，文化和旅游部、地方文旅局对5A级和4A级景区进行核实检查，对部分采取警告，甚至摘牌的措施，坚持A级景区的进出有序和动态管理，多地旅游管理部门为此制订了详细的景区集中整治行动方案，督促景区不断提升服务管理水平，创建环境优美、服务周到的旅游品牌。

2.旅游目的地发展呈现"东强西弱、南强北弱"格局

2019年，我国国内旅游产业发展"东强西弱、南强北弱"的格局依旧未变。东部地区的旅游接待能力和目的地建设保持领先地位，旅游接待人次和旅游收入均超越中、西部地区。

2019年是西部地区旅游快速发展的一年，新疆维吾尔自治区、广西壮族自治区、重庆市旅游收入增长率位于前三位，增长率分别为43.90%、34.50%、32%。新疆维吾尔自治区、内蒙古自治区、广西壮族自治区旅游接待人次位于前三，其增长率分别为43.30%、33.16%和28.40%。在旅游接待质量方面，东部地区的旅游服务质量指数、星级饭店发展指数和旅行社发展指数远超过中西部地区，其中星级饭店数量和旅行社数量约占全国的一半。未来中、西部地区旅游目的地发展过程中，应重视服务质量提升，增强目的地体验。

3.科技创新对文旅产业产生变革性影响

科技创新让旅游服务智慧化。近年来，人工智能一直是投融资的风口热点。

人工智能正在极大地改变旅游、酒店及相关产业，在旅游社区的路线设计、酒店的云端系统技术、OTA 的在线搜索、酒店收益管理等方面，都因人工智能而发生了显著的"智变"。高质量的旅游业发展需要对游客提供精准的产品服务。科技创新将推动这些精准产品服务的快速发展，让用数字化技术去洞察、满足和引领消费者行为和需求变得更为容易，让旅游服务更加智慧化。

科技创新颠覆了传统旅游的发展格局。在线旅游领域，互联网和数字化技术重塑了旅游业的交易环节，在线旅游巨头迅速取代了原有的旅行社、订票中心等渠道。在线旅游平台的快速发展，促进了线上资源方与线下渠道方的同频共振，打破了旅游产业原有的结构，毫无疑问将对传统旅游业发展带来强大的冲击波。科技赋能旅游改变了未来的竞争格局，为旅游者带来更多方便、更高品质和更多体验，促进旅游产业效率提升，助推旅游业高质量发展。

（四）旅游流情况

1. 不同空间尺度的旅游流具有特定的表现规律

从全国的大尺度以及区域的中尺度两个角度考察旅游流动情况。宏观层面上旅游流动的主要构成包括环渤海经济区、长三角经济区、珠三角经济区以及中部旅游区。2019 年，我国的大尺度旅游流流动趋势主要表现为：东部三大经济区流向中部地区和西部旅游资源大省的西向旅游流、西部经济相对发达地区流向东部三大经济区的东向旅游流。从区域旅游发展模式来看，金三角双向旅游流具有很强的经济性，而且市场因素和自身资源的驱动性也较强，属于混合驱动型旅游流；西向旅游流具有资源导向及政策导向特征，属于资源驱动型和政策驱动型旅游流；东向旅游流具有一定的经济性，属于经济驱动型旅游流。从中尺度旅游流层面来看，2019 年核心地区和城市的带动效应依旧明显，环渤海经济区、长三角经济区、珠三角经济区、中部六省的旅游流变化幅度较小，北京、上海、浙江等热点城市的旅游流动频率和流动量明显高于周边城市。

2. 旅游流通道便捷度存在差异

各旅游区内以及旅游区之间的旅游流便捷度存在差异。旅游流通道便捷指数是旅游流在通道中流动时的便利快捷程度，与物理距离负相关，与经济发达程度和交通便利程度正相关。从全国范围来看，上海流向长三角内部的旅游流通道便捷度最高，便捷度指数是 17.60，其次是北京流向环渤海内部的旅游流通道便捷度较高，便捷度指数是 9.85，北京流向东北地区、上海流向珠三角经济区、广东流向长三角经济区、广东流向中部地区、湖南流向中部地区内部、湖南流向珠三角经济区的旅游流通道便捷度也较高,便捷度指数均不小于1。而辽宁流向云贵地区的旅游流通道便捷度最低,便捷度指数仅为0.06,辽宁流向成渝地区、四川流向东北地区的旅游流通道便捷度次之,便捷度指数均为0.1。从这一结果来看,旅游流通道便捷度的高低与物理距离呈负相关关系,与经济发达程度和交通便利程度则有着正相关关系。

(五)旅游市场状况

1. 国内旅游业发展实现稳步增长

2019年,全国旅游推动旅游经济实现了较快增长,大众旅游时代的市场基础更加厚实,产业投资和创新更加活跃,经济社会效应更加明显。总体来说,我国旅游业发展良好的基本面没有改变,有利条件和机遇仍然很多,我国旅游业仍处于黄金发展期,旅游市场不断扩大。

2. 市场下沉趋势渐显

下沉市场还存在市场红利。从区域结构看,整个中国经济体量目前的状态是越往下、越往基层的经济空间越大,在区位结构上的落差会带来大量的生意机会。国内外酒店品牌也呈现出向三、四线市场下沉的趋势,这在一定程度上缓解了酒店的区域分布不平衡问题。市场主体的布局下沉带来了新活力。虽然人均消费能力达不到一、二线城市水平,但在消费时间、传播力度等方面的优势,使下沉市场开始成为资本角力的主战场。OYO于2017年11月进入中国,注重下沉市场,秉着"花更少住更好"的理念,截至2019年底已经覆盖全国338个城市,签约13 000家酒店,约59万间客房。OYO酒店已经成为中国最大的单品牌酒店、第二大酒店集团。携程旅游门店于2017年6月开业。截至2019年底,线下门店包括去哪儿、携程旅游、旅游百事通门店已将近8000家,覆盖86%的地级城市。

二、2020年国内旅游发展的趋势展望与建议

(一)发展的趋势

1. 虽受新冠肺炎疫情影响,但支撑旅游业发展的中国经济基本面不会改变

由于新冠肺炎疫情的强传染性,叠加春节节点、世卫组织列入"PHEIC"、中美贸易摩擦等因素,此次疫情对经济的影响短时间内高于2003年"非典"。更加优化的经济结构和发展质量、更强的疫情防控能力,以及线上新经济替代

等正面影响，我们有理由对经济恢复增长的潜力和速度保持乐观预期。6月疫情基本得到了有效控制，国民经济也将从第三季度开始恢复增长。中国在世界经济和全球价值链中的地位都不会发生根本变化，旅游业发展的国际、国内环境也不会发生不可逆转的恶化。

2.持续增长的大众旅游基本面没有改变

中国已经进入大众旅游新时代，旅游已经成为日常生活的重要组成部分，节假日外出旅游也是越来越显化的新民俗。本次疫情的影响是暂时的，刚性旅游消费的基本面和中长期趋势不会改变。中国旅游研究院的专项调查显示，第三季度我国居民出游意愿为80.22%，同比恢复九成左右，自驾出游和选择自然风景区的比例分别占比达四成。国内跨省游放开之后，城乡居民出游意愿和旅游消费进一步增长。考虑到中秋、国庆假日旅游的强力支撑，以及我国较高的居民储蓄率，更多潜在旅游市场需求会在下半年有序释放。

3.快速响应与精准管控疫情，稳步推进经济社会恢复正常，将是国家和地方工作的主基调

在疫情防控常态化条件下，综合考虑宏观经济和市场因素，我们对2020年下半年旅游经济运行持"相对乐观"态度，也即"3+—4-"的预期。全年旅游经济呈"U形"恢复和振兴发展态势将是大概率事件，也不排除北京等少数省市呈"W形"波动的可能。预计全年国内旅游人数34.26亿人次，同比负增长43%；国内旅游收入2.76万亿元，同比负增长52%。

（二）政策建议

1.多措并举激发旅游消费市场信心

紧紧把握"精准防控不伤全局"的基本原则，根据形势需要相应调整景区容量。抓住中秋节、国庆节等假日旅游市场，指导各地做好疫情防控常态化时期的旅游复工复产工作。重点做好节假日期间的亲子、研学、避暑、康养、自驾车等新型旅游需求引导，以及安全生产、服务提升和业态创新指导工作。多措并举，有效激活乡村旅游市场，让广大农村居民加入到旅游消费进程中来。推进夜间文化和旅游消费集聚区、国家级旅游度假区、文化遗产的旅游传承、红色旅游提升、职工疗休养等专项工作。

2.指导各地用好"新基建"等项目稳定旅游就业，引导旅游企业理性投资，加大研发创新力度

对接中央新基建战略部署，以国内和入境旅游消费需求，以及旅游基础设

施、旅游公共服务、红色旅游、智慧旅游、旅游大数据等投资需求，引导中央财政投资、地方项目投资和金融支持政策向旅游业倾斜。及时发布旅游市场数据和产业信息，指导地方和旅游企业用好用足相关政策，做好文化和旅游项目储备工作，将政策资金转化为产业资本。

3.抓好疫情防控与市场监管，营造安全品质的消费环境

高度重视疫情防控形势的严峻性和不确定性，制定旅游服务业防疫防控长效机制。始终绷紧防控这根弦，贯彻好"预约、错峰、有序、文明"管理新常态，加快景区门前在线预约系统建设，落实好各级防控制度，动态调整和完善精准防控策略及相关措施。指导团队游建立安全防疫管理规范，避免出现大规模游客聚集现象，甚至旅游安全事故。

4.加快"十四五"旅游业发展规划编制进程，持续推进旅游业高质量发展

加快"十四五"旅游业发展规划编制进程，推进国家级旅游度假区、国家文化公园建设，积极推进高层次旅游会议的筹备工作，全方位提振旅游发展信心。面向全面小康时代的旅游发展要求，贯彻落实以人民为中心的旅游发展理论，系统梳理、总结和推广旅游系统疫情期间的现代化治理经验，持续推进旅游业高质量发展。

第二章
国内旅游市场特征

一、国内旅游市场总体研究

（一）国内旅游市场持续向好

1. 国内旅游市场市场规模突破60亿人次

2019年全年，全国旅游推动旅游经济实现了较快增长，大众旅游时代的市场基础更加厚实，产业投资和创新更加活跃，经济社会效应更加明显。根据国家统计局进行的国内旅游抽样调查结果，2019年全年国内旅游人数约为60.06亿人次，比上年同期增长8.48%。其中，城镇居民44.71亿人次，占比74.44%，增长8.5%；农村居民15.35亿人次，占比25.56%，增长8.1%。国内旅游收入5.73万亿元，较上年同期增长11.65%。其中城镇居民花费4.75万亿元，占比82.98%，增长11.52%；农村居民花费0.97万亿元，占比17.02%，增长11.96%。

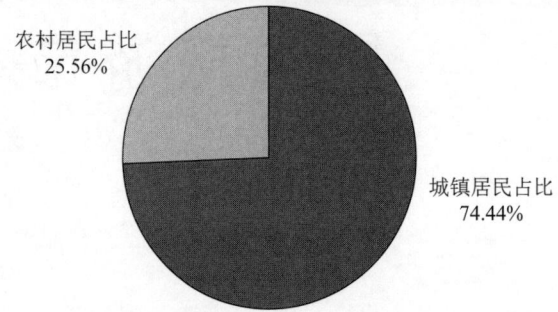

图2-1　2019年国内旅游人数城镇和农村居民占比

2. 国内旅游市场总体保持10%以上的增长率

从近年来国内旅游市场发展规模来看（图2-2），无论是旅游收入还是旅游人数均保持着稳步扩大的态势。其中旅游收入方面，国内旅游市场收入规模从2015年的3.42万亿元增长到2019年的5.73万亿元，增长幅度为67.5%。而在旅游人数方面，我国国内旅游人数从2015年的40亿人次增长到2019年的60.06亿人次，总体增幅为50.3%。

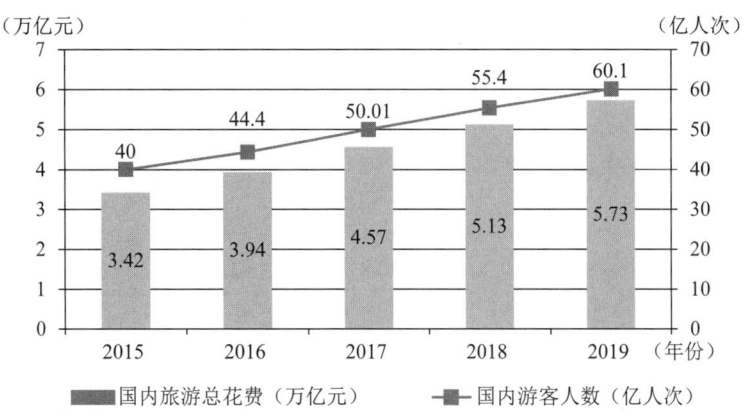

图 2-2　近五年国内旅游接待量和收入规模的变化

而从近 5 年国内旅游市场规模年度增长幅度来看（图 2-3），无论是旅游收入还是旅游人数，在 2015—2017 年间总体规模均保持平稳增长态势，其中国内旅游收入规模总体保持在 15% 左右的增长速度，2017 年是个分水岭，连续两年增长放缓；而旅游接待量总体保持 10% 左右的增长速度，2017 年增长较大，2018 年开始有所回落，2019 年增速继续放缓。

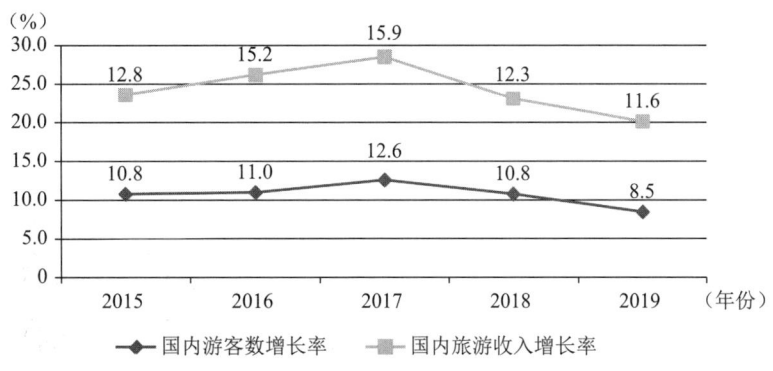

图 2-3　近五年国内旅游市场增长率变化

3. 预计 2020 年国内旅游市场受新冠肺炎影响负增长约 40%

2020 年是第一个百年奋斗目标的实现之年，也是"十三五"规划的收官之年。但一场突如其来的新冠肺炎疫情，改变了人们的生活，也给旅游业带来了冲击。快速响应与精准管控疫情，稳步推进经济社会恢复正常，将是国家和地方工作的主基调。在疫情防控常态化条件下，综合考虑宏观经济和市场因素，我们对 2020 年下半年旅游经济运行持"相对乐观",也即"3+—4-"的预期。全年旅游经济呈"U 形"恢复和振兴发展态势将是大概率事件,也不排除北京等少数省市呈"W 形"波动的可能。预计全年国内旅游人数 34.26 亿人次,同比负增长 43%;国内旅游收入 2.76 万亿元,同比负增长 52%。

(二)区域旅游市场转变为"4∶3∶3"结构

将我国旅游市场按区域划分为东部地区、中部地区、西部地区。其中东部地区包括:北京、天津、河北、上海、江苏、浙江、福建、山东、广东、海南、辽宁、吉林、黑龙江,2019 年共接待国内旅游者 64.48 亿人次;中部地区包括:山西、安徽、江西、河南、湖北、湖南,2019 年共接待国内旅游者 47.74 亿人次;西部地区包括:内蒙古、广西、重庆、四川、贵州、云南、西藏、陕西、甘肃、青海、宁夏、新疆,2019 年共接待国内旅游者 58.54 亿人次。

图 2-4 描述的是区域市场在这近 5 年里接待国内人数的变化趋势,所有区域游客接待人数均逐年增加。东部地区从 2015 年的 48.80 亿人次增长到 2019 年的 64.48 亿人次,中部地区从 2015 年的 26.76 亿人次增长到 2019 年的 47.74 亿人次,西部地区从 2015 年的 26.03 亿人次增长到 2019 年的 58.54 亿人次。

总体来说,东部地区整体接待规模要高于中、西部,西部地区整体从 2016 年开始超过中部地区接待规模。近几年,东部地区接待规模增长放缓,中部地区 2019 年增长较小,西部地区接待量增长相对较快。

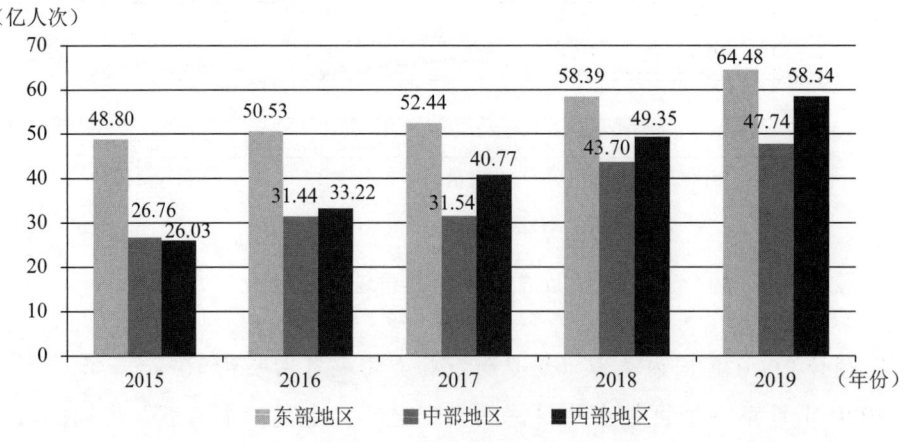

图 2-4　2015—2019 年区域总体接待量对比

各区域的省市个数不同,发展速度也不同。图 2-5 显示的是 2019 年我国各区域的平均接待量，其中东部地区的平均接待量为 4.96 亿人次，中部地区的平均接待量为 7.96 亿人次，西部地区的平均接待量为 4.50 亿人次，三个区域均有增长。其中，中部地区的平均接待量是最大的，较 2018 年有较大增长幅度，而西部地区凭借优越的自然环境，在旅游基础设施不断完善的进程中，吸引众多的旅游者来体验生态之旅，从而使其平均接待量呈现显著的增长趋势。

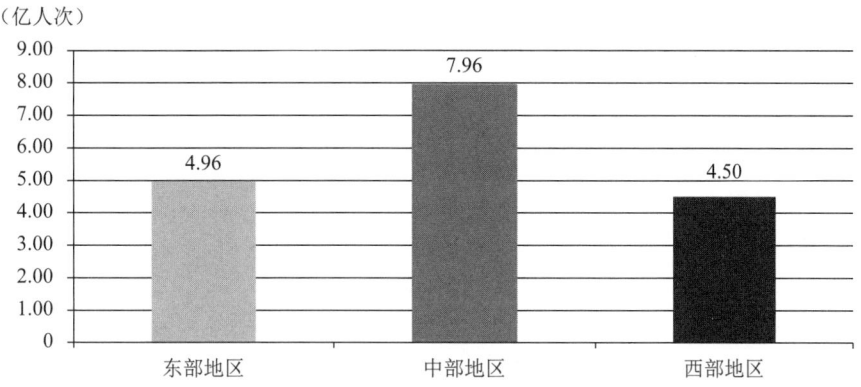

图 2-5　2019 年三大区域平均接待量

2019 年，各地区国内旅游收入如图 2-6，东部地区以 95 561.65 亿元的国内旅游收入稳居区域首席，而中部地区的国内旅游收入则为 51 852.95 亿元，约为东部地区的二分之一。而西部地区凭借优越的自然环境，在旅游基础设施不断完善的进程中，旅游收入增长显著，旅游收入为 68 655.64 亿元。

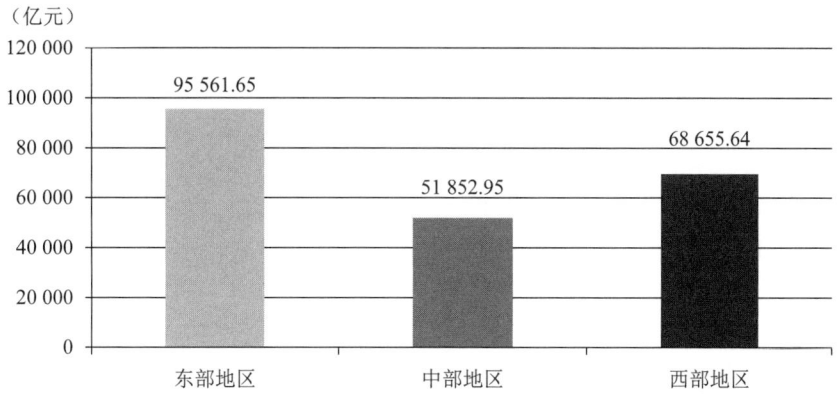

图 2-6　各地区国内旅游收入情况

（三）国内旅游市场的城乡人口统计特征

1. 国内旅游市场的城乡二元结构依然明显

如图2-7所示，2018年，国内旅游人次城乡对比，全年城镇居民旅游人次达到41.19亿人次，农村居民旅游人次达到14.20亿人次。城镇居民在全年的旅游次数都高于农村居民的旅游次数，但随着农村居民生活条件的改善，可自由支配收入的增加，农村居民外出旅游的人数也在不断增加，因此，城镇居民和农村居民国内出游增长率逐年靠近。从时间上来看，城镇居民出游活动会受到节假日等时间上的限制，一般会选择在带薪休假的黄金假期、春节长假和周末假期来完成旅游活动；而农村居民出游的时间比较灵活，所以每个季度出游的密集性比较平稳，波动性不强。

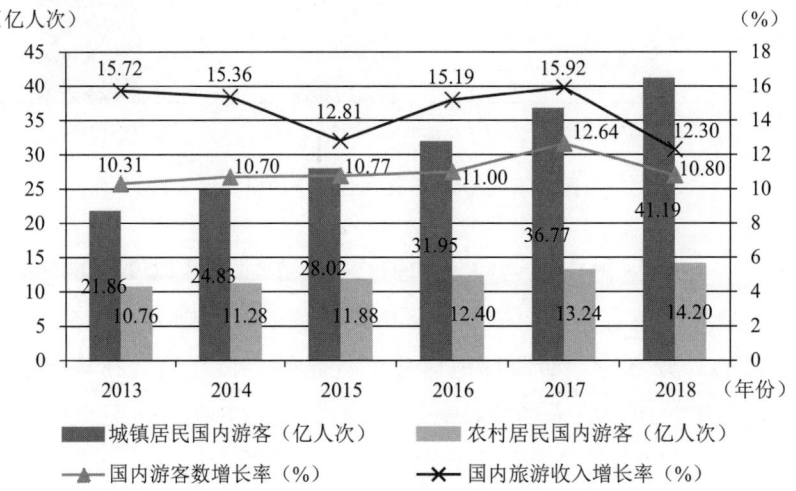

图2-7 城乡国内旅游人次对比

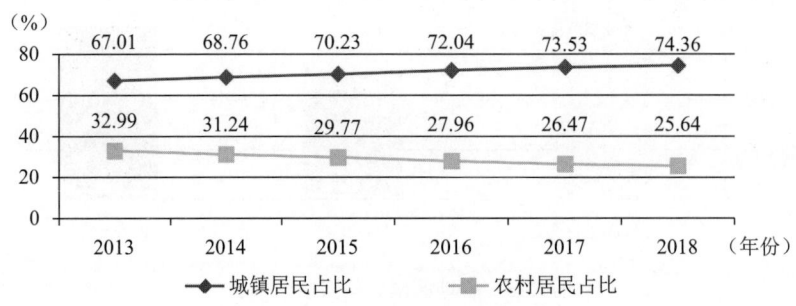

图2-8 城乡居民占比

第二章 国内旅游市场特征
Chapter 2 Characteristics of China Domestic Tourism Market

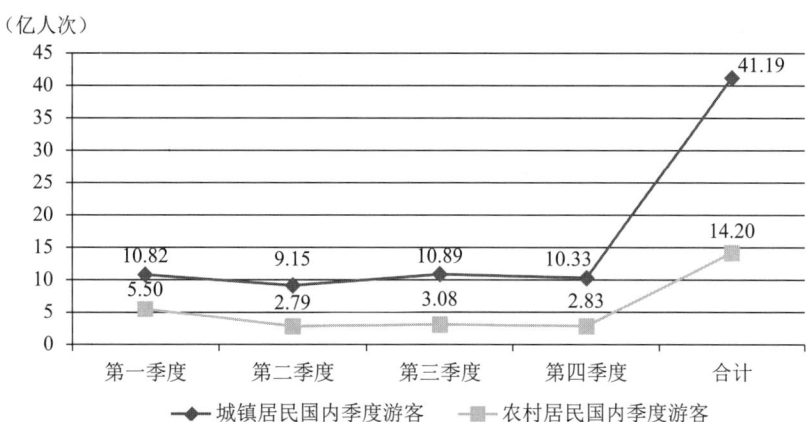

图 2-9 城乡国内旅游人次对比

2.中青年依然是国内旅游市场主力

图 2-10 显示：2018 年我国国内旅游市场的主力军是 25~34 岁的年轻人，为 17.29 亿人次；其次是 45~64 岁这一年龄阶段的人，为 13.15 亿人次；接着是 35~44 岁的人，为 11.93 亿人次；其余的 15~24 岁、14 岁及以下和 65 岁及以上，分别为 6.11 亿人次、4.33 亿人次以及 2.58 亿人次，其中 14 岁及以下游客出行人数较以往增长较快。无论是城镇居民还是农村居民，25~34 岁的年轻人都是国内旅游的主力军。

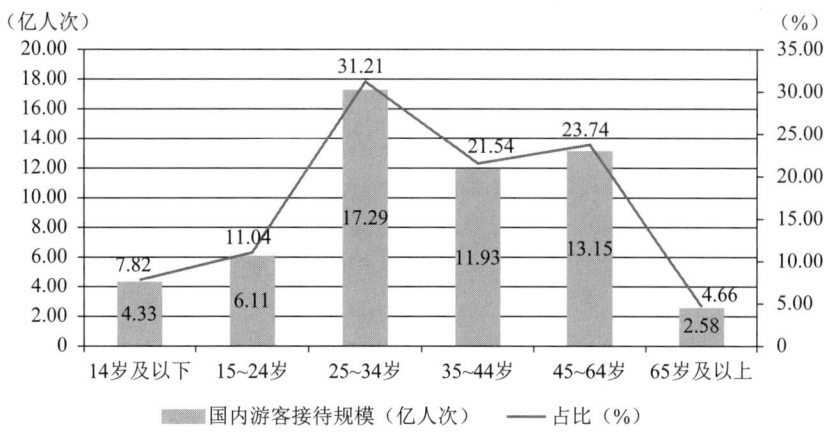

图 2-10 国内旅游人次年龄分布

3.国内旅游市场呈现高学历趋势

从我国国内游客的受教育程度来看（图 2-11），2018 年我国国内旅游市场依然呈现高学历趋势。其中本科、大专学历的有 30.79 亿人次，人次最多；初中及以下学历有 11.86 亿人次，高中文化程度的为 9.14 亿人次，研究生及以上文化程度的人次最少。而从我国高学历人群区域分布来看，他们主要集中在东部发达的城市群内，这也成为我国休闲度假旅游市场得以快速发展根本原因之一。

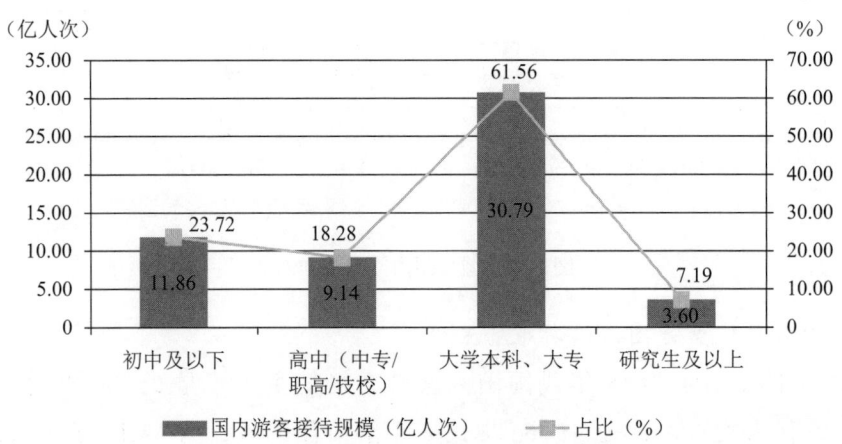

图 2-11　国内旅游者不同教育背景占比情况

由于我国城乡二元结构仍然严峻，教育水平差异较大，图 2-12 显示了我国国内游客教育程度在城乡中的差异分布。其中，城镇居民大学本科及专科人次最多，为 24.73 亿人次；农村居民中国内游客人数最多的也是大学本科及专科教育程度的游客，为 6.06 亿人次，与 2017 年相比学历程度有所提升，但我国城乡国内游客的教育水平差异仍处于较大水平。

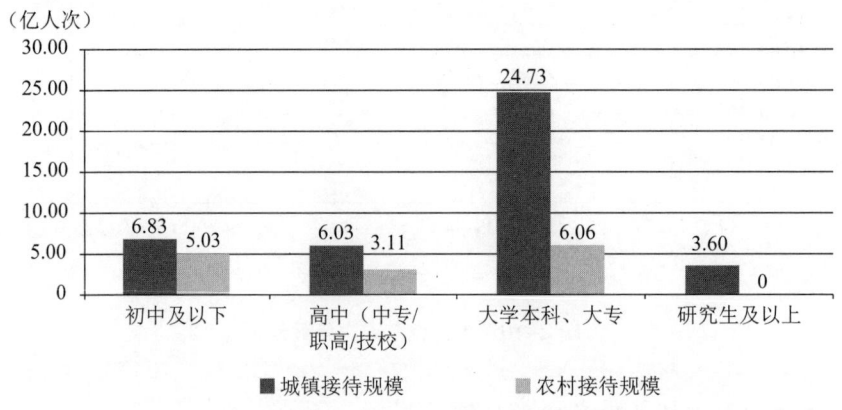

图 2-12　我国国内游客教育背景分布的城乡差异

第二章　国内旅游市场特征
Chapter 2　Characteristics of China Domestic Tourism Market

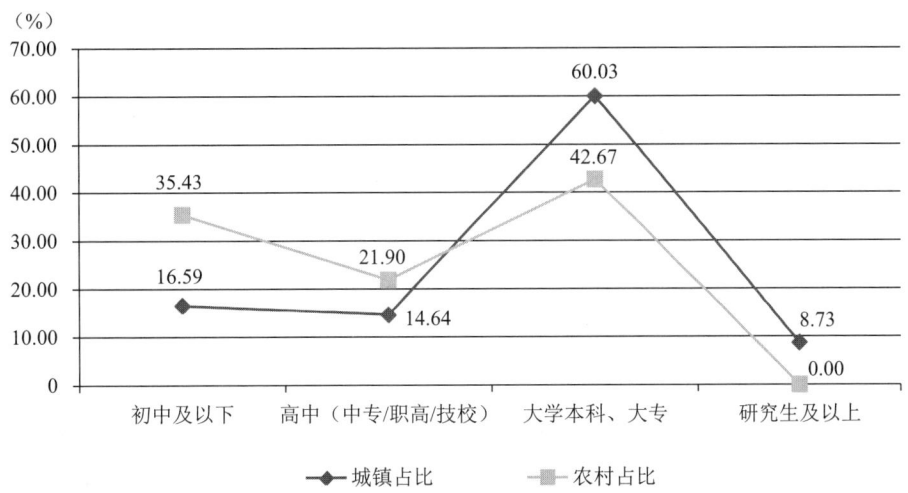

图 2-13　国内旅游者城乡教育差异占比情况

二、国内旅游出游潜力特征

客源地潜在出游力的测算，是基于表 2-1 的统计指标，综合运用因子分析、主成分分析等统计方法，借助 SPSS 软件平台综合测算而来。据此方法，2020年得到的测算结果实为 2019 年的客源地潜在出游力（表 2-2）。考虑到新冠肺炎疫情对 2020 年的严重影响，以及国家及各省（直辖市、自治区）的疫情应对措施，2020 年的客源地潜在出游力，在 2019 年客源地潜在出游力的测算结果基础上，对标疫情影响，予以宏观修正（结果见表 2-3）。

表 2-1　客源地潜在出游力的指标体系

一级指标	二级指标	一级指标	二级指标
客源地区域经济发展水平	GDP		公路密度
	人均GDP		高速公路密度
客源地就业人员构成	城镇就业人员	客源地交通通信水平	互联网上网人数
	农村就业人员		旅客周转量
	一产就业人员比例		移动电话年末用户
	二产就业人员比例		铁路营业里程
	三产就业人员比例		私人汽车拥有量

续表

一级指标	二级指标	一级指标	二级指标
客源地居民工资水平	就业人员平均工资	客源地旅游资源状况	5A级景区数量
客源地居民受教育程度	未上过学人数比重		4A级景区数量
	小学人口比重		3A级景区数量
	初中文凭人数比重	客源地居民年龄结构	0~14岁比重
	高中文凭人数比重		15~64岁比重
	大专以上文凭人数比重		65岁以上比重
客源地居民收支水平	城镇居民人均可支配收入	客源地居民生活质量	建成区绿地覆盖率
	农村居民年人均纯收入		人均公园绿地面积
	居民消费水平		每万人拥有公共交通车辆
	农村居民消费水平		年平均温度（以省会城市为代表）
	城镇居民消费水平		空气质量达到及好于二级的天数（以省会城市为代表）
	人均储蓄存款余额		

表2-2　2019年各省（区、市）客源地潜在出游力综合评估

省（区、市）	潜在出游力得分	排名	省（区、市）	潜在出游力得分	排名
上海	1.0000	1	河北	0.3672	12
江苏	0.9583	2	安徽	0.3591	13
北京	0.8894	3	陕西	0.3565	14
广东	0.8657	4	辽宁	0.3490	15
浙江	0.7931	5	重庆	0.3342	16
山东	0.6771	6	天津	0.3148	17
福建	0.5834	7	山西	0.3125	18
河南	0.4813	8	黑龙江	0.3065	19
四川	0.4537	9	内蒙古	0.2987	20
湖南	0.4176	10	江西	0.2814	21
湖北	0.3846	11	云南	0.2570	22

续表

省（区、市）	潜在出游力得分	排名	省（区、市）	潜在出游力得分	排名
广西	0.2483	23	甘肃	0.1436	28
海南	0.2315	24	宁夏	0.0968	29
贵州	0.1999	25	青海	0.0367	30
吉林	0.1916	26	西藏	0.0000	31
新疆	0.1604	27			

表2-3　2020年各省（区、市）客源地潜在出游力综合评估

省（区、市）	排名	省（区、市）	排名
江苏	1	天津	17
广东	2	黑龙江	18
浙江	3	山西	19
上海	4	内蒙古	20
山东	5	云南	21
北京	6	江西	22
河南	7	广西	23
四川	8	吉林	24
福建	9	贵州	25
安徽	10	海南	26
湖南	11	新疆	27
河北	12	甘肃	28
陕西	13	宁夏	29
湖北	14	青海	30
辽宁	15	西藏	31
重庆	16		

表 2-4　近几年各省（区、市）客源地潜在出游力排名对比

年份 排名	2020 （综合评估）	2019	2018	2017	2016	2015	2014	2013	2012	2011	2010
江苏	1	2	3	3	4	4	4	3	3	5	5
广东	2	4	4	4	3	3	2	4	5	3	3
浙江	3	5	5	5	5	5	5	5	4	4	6
上海	4	1	1	1	1	2	3	2	2	1	2
山东	5	6	6	6	6	7	6	6	7	7	8
北京	6	3	2	2	2	1	1	1	1	2	1
河南	7	8	8	10	13	12	12	11	12	12	13
四川	8	9	12	14	15	14	15	12	14	19	10
福建	9	7	7	7	8	9	9	9	9	8	9
安徽	10	13	16	16	16	17	13	16	16	20	21
湖南	11	10	9	9	10	13	14	14	15	13	14
河北	12	12	11	12	9	11	11	13	11	10	11
陕西	13	14	17	17	17	15	16	15	13	15	20
湖北	14	11	10	11	12	10	10	10	10	11	12
辽宁	15	15	13	13	11	8	8	8	8	9	7
重庆	16	16	15	15	14	16	19	17	17	16	16
天津	17	17	14	8	7	6	7	7	6	6	4
黑龙江	18	19	22	21	18	18	18	18	19	22	15
山西	19	18	18	18	19	19	23	19	18	14	19
内蒙古	20	20	19	19	21	22	21	22	20	18	30
云南	21	22	21	22	24	26	26	25	27	26	22
江西	22	21	20	20	22	21	20	21	21	21	18
广西	23	23	26	25	25	24	24	24	24	24	24
吉林	24	26	23	23	20	20	22	20	22	17	17
贵州	25	25	25	26	26	29	29	30	30	29	26
海南	26	24	24	24	23	23	17	26	25	23	23
新疆	27	27	27	27	27	25	25	23	23	27	27
甘肃	28	28	28	28	28	28	28	28	29	30	25

续表

年份 排名	2020 （综合评估）	2019	2018	2017	2016	2015	2014	2013	2012	2011	2010
宁夏	29	29	29	29	29	27	27	27	26	25	28
青海	30	30	30	30	30	30	30	30	28	28	29
西藏	31	31	31	31	31	31	31	31	31	31	31

依据各省（区、市）的潜在出游力得分（见表2-2、表2-3），进行层次聚类分析，并应用ArcGIS进行空间趋势分析，可以得出客源地潜在出游力在区域间的如下分异特征："东中西"依次递减的三级阶梯状空间格局多年来一直保持相对稳定态势。

（一）区域间潜在出游力持续呈现均衡化趋势

2020年，客源地潜在出游力在东、中、西三大区域之间的比例大约为6.0∶2.6∶1.4，相比较长期处于"7∶2∶1"的三级阶梯状分布格局，继续呈现收敛趋势。即我国的客源市场有60%源自东部地区，26%源自中部地区，14%源自西部地区。而从发展趋势来看，东部地区累计潜在出游力所占比重由2010年的70%下降到2020年的60%，呈现逐年降低趋势。与此同时，中、西部地区所占比重在不断升高，累计潜在出游力所占比重由2010年的30%提升到2020年的40%，区域之间的差距呈现出明显的收敛趋势。

（二）区域尺度——四大经济区出游潜力出现收敛趋势，但仍为出游潜力最强地区

传统的四个高客流产出区域：以北京为中心的环渤海都市圈、以上海为中心的长江三角洲都市圈、以广州和深圳为中心的珠江三角洲都市圈以及西南的成渝城市群，仍然是我国高客流产出区域，累计49.8%的出游力集中在上述传统经济区和新兴都市圈，但是相比较2011年的57%，已明显下降，反映了四大核心经济区与其他区域之间的客源产出也出现了收敛趋势。

（三）省际尺度——沿海发达城市为出游潜力最强地区

可将全国31个省（区、市）划分为5种潜在出游力类型：①出游力极强地区：江苏、广东、浙江、上海、山东、北京、河南；②出游力强地区：四川、福建、安徽、湖南、河北、陕西；③出游力较强地区：湖北、辽宁、重庆、天津、黑龙江、山西；④出游力一般地区：内蒙古、云南、江西、广西、吉林、贵州、海南；⑤出游力弱地区：新疆、甘肃、宁夏、青海、西藏。出游力较高地区主要分布于我国东部和中部,而出游力较低地区则主要分布于我国西部地区,综合对比近几年三大区域各省(市、区)潜在出游力的排名变化,东部地区依然保持优势地位,但是中西部地区已出现排名交互变化现象,尤其是西部部分省(市、区)已超过中部地区的排名。

三、国内旅游市场消费特征

1.2019年四大区域国内旅游总收入水平差异

图2-14反映了2019年我国四大区域国内旅游总收入的差异情况。2019年,各区域国内旅游总收入存在明显差异,其中东部地区国内旅游总收入为81 940.86亿元,占全国旅游总收入的37.75%,较2018年同期上升显著。中部地区和西部地区旅游总收入分别为51 852.95亿元和69 655.64亿元,占全国的23.89%和32.09%,较同期相比(0.11%)中部地区微降西部地区有明显上升。旅游总收入相对最少的区域为东北地区,为13 620.79亿元,占全国旅游总收入的6.27%,与去年相比占比有所下降。由上述数据可以看出,中部地区和西部地区的国内旅游总收入呈现上升的趋势,但全国占比下降。其中,东部地区凭借良好的区位条件、发达的经济条件、广阔的旅游消费市场、完善的旅游配套设施、便捷的交通条件、丰富的旅游业态等条件,形成国内旅游收入稳居榜首,且遥遥领先的局面,2019年占比超过50%。

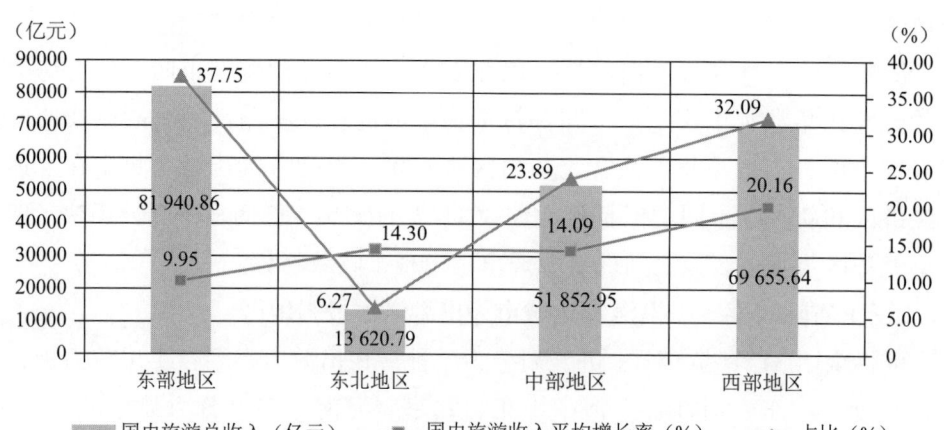

图2-14 2019年四大区域国内旅游总收入情况

图 2-14 也显示了 2019 年四大区域国内旅游收入的平均增长率，国内旅游收入最高的东部地区的增长率仅为 9.95%，增长放缓；西部地区旅游总收入平均增长率大幅度超过其余地区，处于领先地位，达到 20.16%；中部地区则为 14.09%，处于第三位。东北地区与 2018 年的 6.29% 的平均增长率相比增长幅度较大，呈现为 14.3% 的平均增长率，不断增速的势头明显。总体上看，中西部地区旅游总收入增长率相对较高，并连续数年持续领先。另外，由于东北地区之前一直注重发展重工业，使其经济收入一直来源于第一产业，近年来，由于国家政策的支持，各级政府及地方官员开始重视旅游这一新兴产业，加大地方政策和资金的投入，整合东北地区旅游资源，分析资源优势，在全域旅游、旅游＋、特色小镇、厕所革命等浪潮的推动下，旅游产业在东北地区遍地开花。旅游配套设施的不断完善与升级，加之独特的东北旅游资源以及文化资源，吸引众多旅游者前往体验和享受，从而使得东北地区的旅游收入不断增长，一改之前经济疲软的态势。

2.2019 年四大区域国内接待旅游人数差异

由图 2-15 可知，2019 年我国四大区域接待国内游客人数之间差距较大，其中西部地区接待国内游客数最多，为 58.54 亿人次，继续超过东部地区成为第一；东北地区接待游客数最少，为 11.02 亿人次；中、东部游客接待量差距不显著，分别为 47.74 亿人次和 53.46 亿人次。从上述数据可以看出我国东部地区的经济优势为其增强了接待能力，又加上其交通便利，交通通达性好，且旅游资源丰富，所以东部地区的接待游客数量最多。另外，东北地区因为季节性强、旅游设施不完善、5A 级景区较少，五星级酒店配比不足，农家乐、民俗等新兴业态不足，以及气候环境、地理位置等原因导致国内接待人数最少。而西部地区虽然也存在上述原因，但是人们更倾向于心灵鸡汤之旅，像青海湖、西藏纳木错、林芝、甘肃敦煌莫高窟、新疆阿勒泰以及四川稻城亚丁等地可净化人的心灵，所以西部地区国内接待旅游人数 2019 年占据第一的位置。

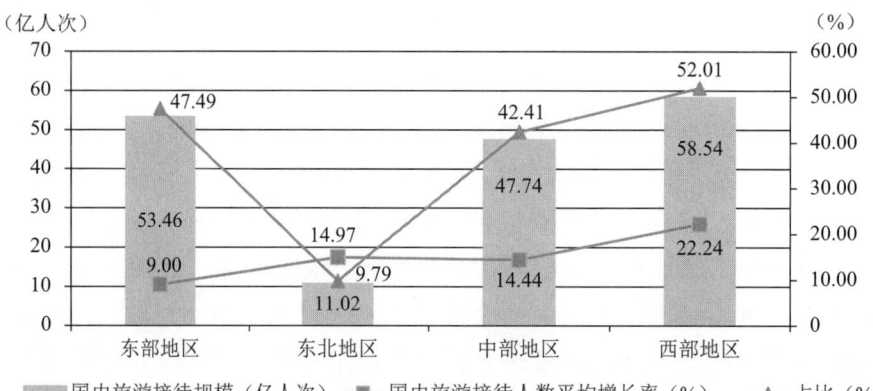

图 2-15　2019 年四大区域国内接待旅游人数

3. 四大区域国内旅游人均消费水平差异

2019 年国内旅游人均消费全国各地区仍存在较大差异。其中，东部地区的国内旅游人均消费最高，达到 1572.19 元。其次是东北和西部地区，国内旅游人均消费分别为 1384.07 元和 1207.01 元，而国内旅游人均消费最少的是中部地区，为 1088.96 元（见图 2-16），四大区域国内旅游人均消费水平均有所提高。由上述数据可以看出东部地区因其经济发达的优势从而使得国内旅游人均消费水平最高，东北地区次之，而中部地区经济欠发达，且旅游业不发达，所以国内旅游人均消费最低。而西部地区近年来旅游市场发展得如火如荼，国家以及当地地区都比较重视当地旅游业的发展，相关政策不断印发，扶持资金不断流入，旅游基础设施不断完善，加之优越的地理环境和自然环境，旅游者大量涌入并停留，使其旅游人均消费水平高于中部地区。

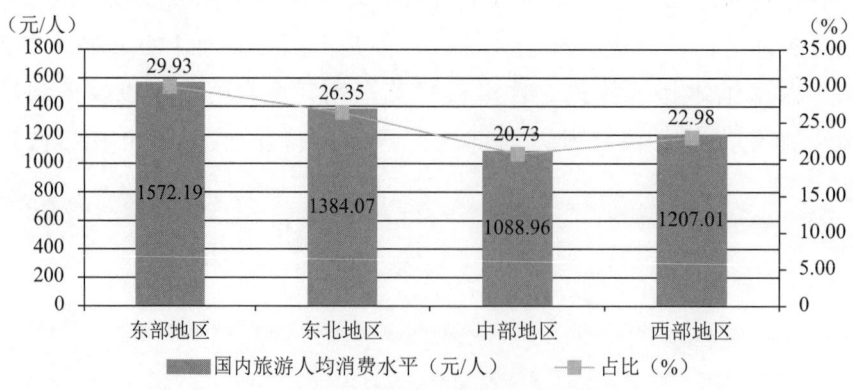

图 2-16　四大区域国内旅游人均消费

四、国内旅游市场行为特征

（一）城镇居民旅游市场行为特征

1. 探亲访友是城镇居民出游主要目的

2018年，我国国内城镇居民的旅游动机以探亲访友为主，占29.50%，其次是观光游览占28.70%，再次是休闲度假占24.40%，商务出差、文娱体育健身、健康疗养以及其他旅游目的的游客比例分别为13.30%，2.00%，1.00%，1.00%。可以看出，我国城镇居民已经走过纯观光游阶段，进入以探亲访友结合休闲度假为目的的旅游新阶段，这与我国社会经济发展具有较为密切的关系。

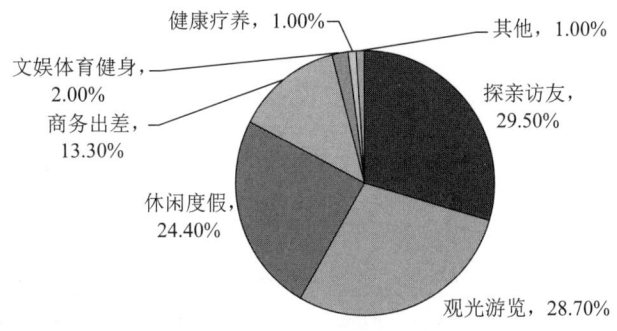

图2-17 城镇居民国内游客旅游人次占比（按旅游目的分类）

按旅游方式分，图2-18显示了城镇居民游客中旅行社组织的团队游客占5.80%，自由出行的散客占94.20%。这说明了城镇居民倾向于自由行，而不是跟团游。这跟居民的消费意识和消费方式发生改变有关，同时，与国内旅游交通系统越来越发达有关。

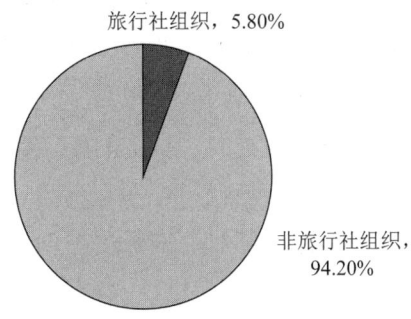

图2-18 城镇居民国内游客旅游人次占比（按旅游方式分类）

2. 城镇居民旅游消费水平较高，且消费结构相对均衡

我国城镇居民 2018 年人均每次出游花费约 1033.99 元，按旅游目的分，商务出差的游客人均花费最高，达 2433 元；健康疗养人均花费 1868 元，观光游览人均花费 1695.9 元，休闲度假人均花费 1627.3 元，探亲访友人均花费 1305.1 元，文娱体育健身人均花费 1030.9 元，其他旅游目的人均花费 1302.1 元。探亲访友和观光游览是城镇居民最倾向的出游目的，但其花费并不是最多的，反而是商务出差的人均花费最多，这说明我国城镇居民出游意愿与实际花费的不匹配，这与我国的国情有关。我国经济水平逐年提升，但居民的整体消费能力仍然不高。

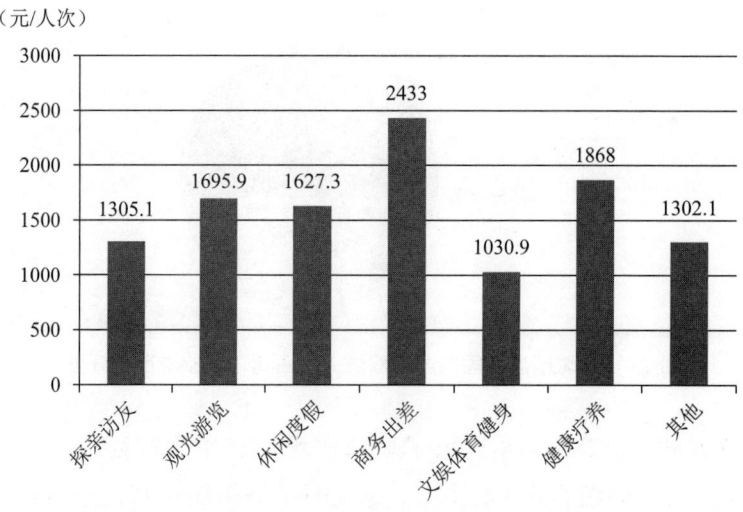

图 2-19　城镇游客出游人均花费（按旅游目的分）

按旅游方式分，2018 年旅行社组织的游客人均花费 2899.4 元，非旅行社人均花费 1440.6 元。旅行社组织的游客人均花费与 2017 年相比增幅较大，非旅行社人均花费也有所增长。其原因主要是高铁、动车的大量投入运行，高速公路的不断拓宽与修建，使一小时旅游圈的空间范围不断扩大，所以非旅行社组织的自驾游、自助游、散客的出行人数增加，从而造成旅行社组织的游客人均花费下降，但非旅行社组织的出游时间以一日游为主，因此非旅行社人均花费的增量不是很大。

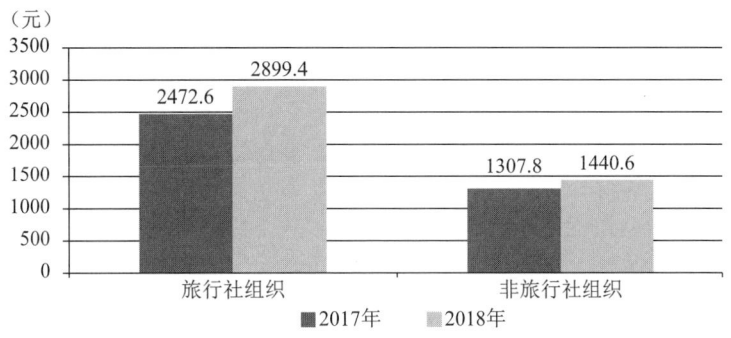

图 2-20　城镇居民游客每次出游人均花费（按旅游方式分）

图 2-21 显示了城镇居民自助出游散客的花费构成情况：交通费占比最高，为 35.00%，住宿费占 16.40%，餐饮费占 22.70%，购物费占 16.40%，景区游览费占 5.30%，其他费用占 4.30%。这几项花费中交通和餐饮占据了总体花费的一半以上，其中餐饮费超过住宿费说明居民更愿意在吃上花费更多的资金，对住宿要求不高，购物费较上年比重有所增加，说明城镇居民购物消费意愿增长。

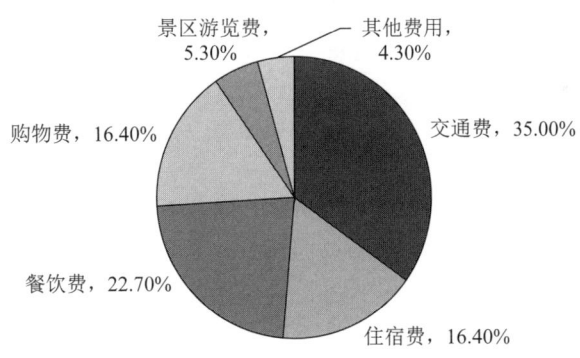

图 2-21　城镇居民散客出游花费构成

3.青少年游客更偏向休闲度假娱乐，中老年游客更偏向探亲访友及观光

图 2-22 描述的是不同年龄阶段城镇居民出于不同旅游目的出游人次的对比，各个年龄段出游目的大致相同，都较为集中，都更倾向于观光游览的旅游目的，其次是探亲访友的出游目的，且较去年增长较大；再者是休闲度假和商务出差的目的，而出于文娱体育健身和养生保健疗养的旅游人数最少。具体来看，在观光游览这一方面，65 岁及以上游客对于观光游览的热情最高，所占比例为 42.1%，其次是 14 岁及以下的游客，所占比例为 38.9%，再次是 15~24 岁

阶段的游客，所占比重为29%，35~44岁以及25~34岁之间的游客所占比重相对最低，分别为25.9%和26.2%。

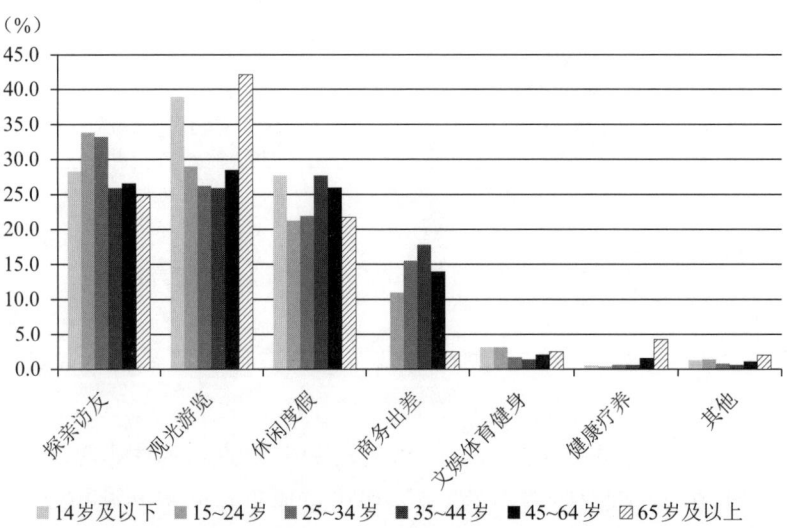

图2-22 不同年龄段，不同旅游动机的城镇游客构成

（二）农村居民旅游市场行为特征

1. 探亲访友游和观光游览游是农村居民出游最喜欢的两种方式

从农村居民出游目的来看，探亲访友所占比例最高，占34.70%，其次是观光游览，占23.40%，再者是商务出差，占18.40%。其余几个目的的旅游人数所占比重相对较低，其中休闲度假占14.50%，健康疗养占1.80%，文娱体育健身占1.50%，其他旅游目的占5.80%。

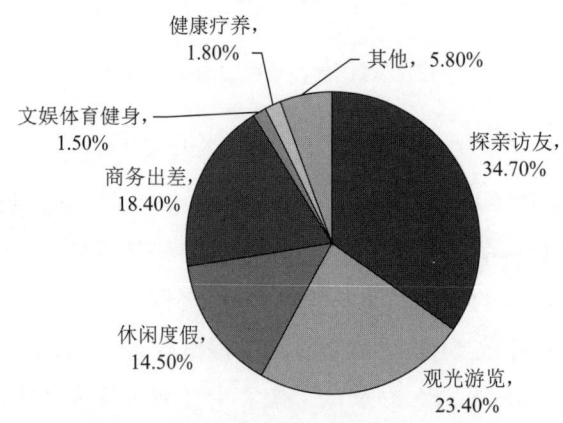

图2-23 不同出游动机的农村游客构成

在农村居民出游人次中，旅行社组织的团队游客占3.80%，非旅行社组织的自助出游散客占96.20%。散客占据绝大部分，说明了农村居民也倾向于自助出行，不太愿意跟团游。

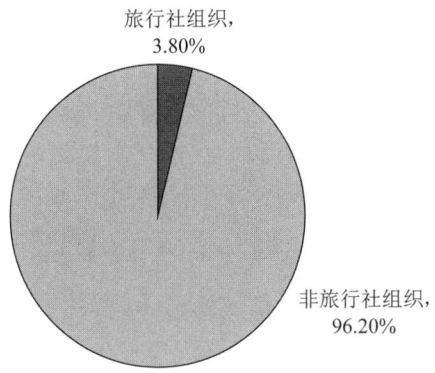

图2-24　不同出游方式的农村游客构成

2. 农村居民旅游消费水平较低，观光游览人均花费最高

2018年农村居民人均每次出游消费约为954.9元。按旅游目的分，健康疗养的游客人均每次花费最高，达1409.7元；观光游览人均每次花费1112.6元，商务出差人均每次花费1112.4元，休闲度假人均每次花费1108.1元，文娱体育健身人均每次花费837.3元，探亲访友人均每次花费741.5元，其他旅游目的人均花费599.1元。健康疗养的旅游人数虽然只占整体人数的1.8%，但人均每次花费却是最高的。

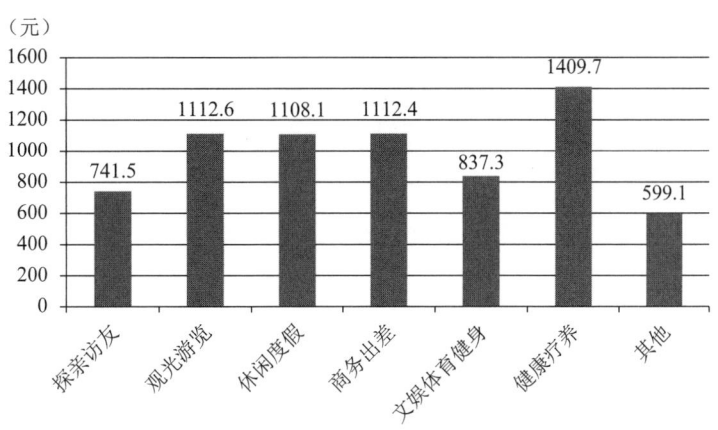

图2-25　不同动机的农村游客出游花费

从出游方式来看，农村游客中旅行社组织的游客人均花费1900.2元，非旅行社人均花费880.4元。旅行社组织的游客人均每次花费是非旅行社组织的游客的两倍多。

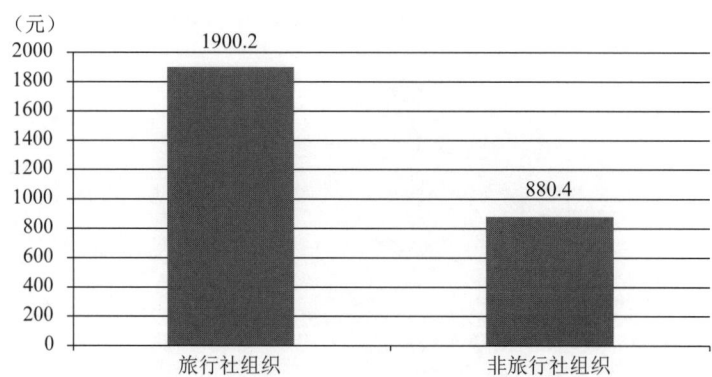

图 2-26　不同出游方式的农村游客出游花费

图 2-27 显示了农村居民散客出游的花费构成情况：交通费占比最高，为 32.80%，餐饮费其次，占 24.10%，住宿费占 12.20%，购物费占 18.10%，景区游览费占 5.30%，其他费用占 7.40%。

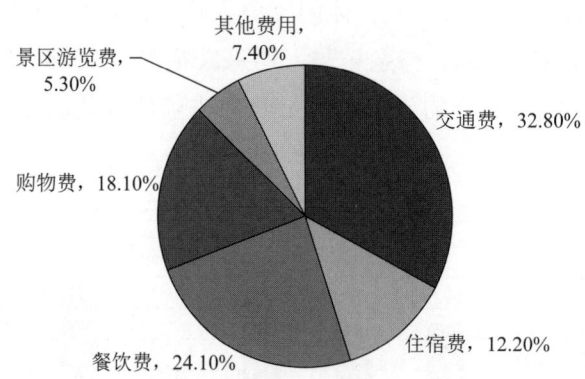

图 2-27　农村游客旅游消费结构

3.青少年偏向于观光游览、休闲度假和探亲访友，老年人外出办事、探亲访友比例较高

图 2-28 描述的是 2018 年不同年龄阶段农村居民出于不同旅游目的出游人次的对比，各个年龄段出游目的集中在外出办事、观光游览和探亲访友三个目

的，但趋势没有城镇居民集中，老年人外出办事、探亲访友的比例较高。

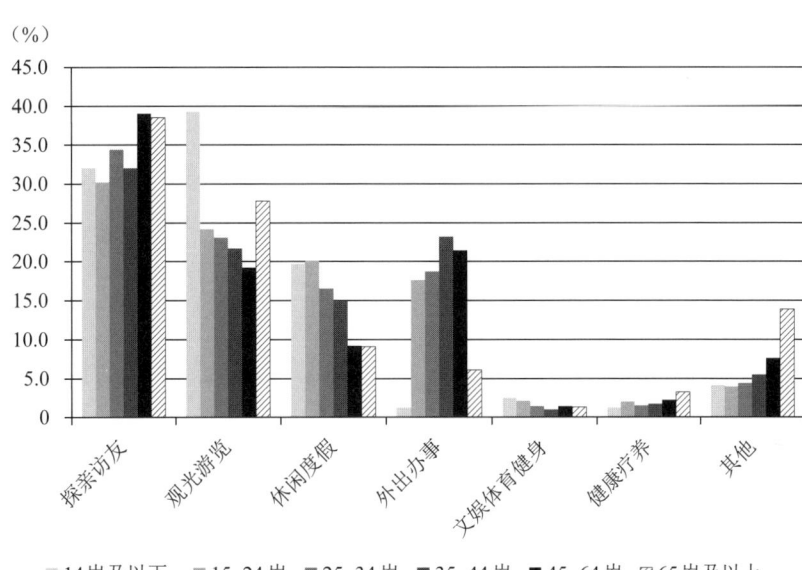

图 2-28　农村居民不同年龄阶段的旅游人次构成（按不同旅游目的划分）

　　将城镇居民和农村居民出游的行为特征进行对比后发现，我国城乡居民收入逐渐收敛，我国国内农村居民出游人次、出游率和人均花费不但大大低于城镇居民，而且差距正越来越明显。在出游目的上，城镇居民观光游览是首选，农村居民则倾向于探亲访友，相同点是探亲访友、观光游览均排在前三位，不同的是在商务出差方面，农村居民比例显著高于城镇居民。从出游方式上，城镇居民和农村居民都更倾向于以散客的方式进行，跟团游的人数很少。二者对比，农村散客在总体中所占的比重要高于城镇散客，但差异很小。

　　从人均花费上来看，城镇居民和农村居民都在交通费和餐饮费上花费较多，值得一提的是农村居民购物费在所有花费中的比重要高于城镇居民的购物费比重，住宿费在所有花费中的比重低于城镇居民的住宿费比重，说明二者的消费意识仍存在差异。在出游目的上，城镇居民和农村最大的区别在人均花费最高方面，农村居民是健康疗养的游客人均花费最高，而城镇居民是商务出差的人均花费最高，同时，城镇与农村居民都在健康疗养方面花费较多，这可能和居民的健康保健意识提高有关。在出游方式上，无论是城镇居民还是农村居民，都是跟团游花费要高于散客花费，且是散客花费的两倍之多。

从不同年龄阶段来对比城乡旅游市场行为特征，每个年龄阶段对旅游目的的偏好是相同的，都偏好休闲度假娱乐和探亲访友的出游目的，但农村居民的趋势走向没有城镇居民集中。无论是城镇居民还是农村居民，都倾向于本地游，异地游的比重较低。

第三章
国内旅游产业发展特征

一、2019年旅游目的地空间结构特征

（一）旅游景区指数

1. 目的地景区指数不断提升

为了研究国内旅游的产生和发生机制，本报告选择了各地区的5A和4A景区作为核心旅游吸引物进行研究。

从全国5A级景区的区域分布来看（图3-1），江苏省5A级旅游景区数量仍居于全国第一，共有24家，比第二名浙江多6家。进入5A级旅游景区前几名的其他省份分别为浙江（18家）、河南（14家）、广东（14家）、新疆（13家）和四川（13家）。而天津、青海、上海、宁夏和西藏的5A级景区规模则居于后五名。总体来看，在综合考虑区域面积、国内旅游市场规模后，地方旅游行业的发展与当地5A级景区数量具有很强的正相关性，尤其是国内旅游收入尤为如此。

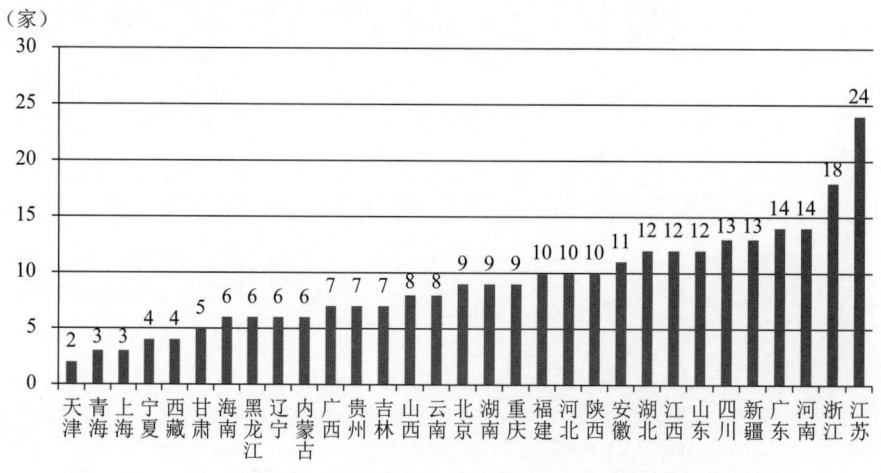

图3-1　2019年各省（市、区）5A级旅游景区数量

从2019年4A级景区的区域分布来看，全国4A级旅游景区最多的省份为四川，有245家。其次进入4A级旅游景区排名前几名的其他省份为山东、安

徽、广东和浙江，而西藏、海南、宁夏、青海、天津 4A 级景区规模相对较少。

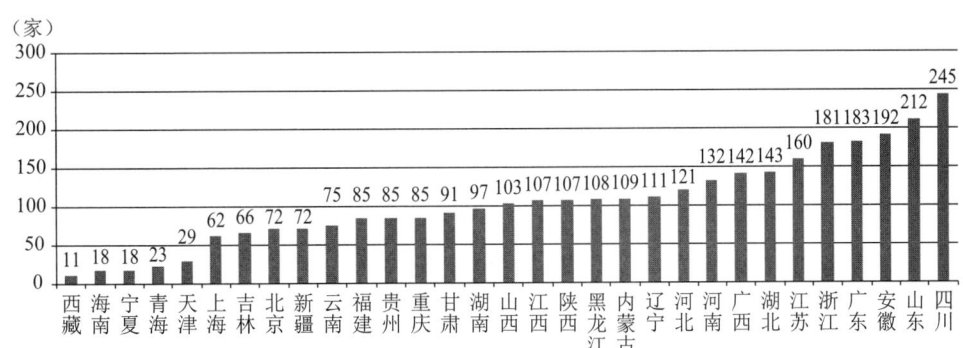

图 3-2 2019 年各省（市、区）4A 级旅游景区数量

将 5A 级景区和 4A 级景区数量进项标准化，构建各地区旅游景区指数。由图 3-3 可以看出，景区指数最高的五个省份分别为江苏、四川、浙江、山东和广东。景区指数最低的五个省份分别是宁夏、天津、西藏、青海和海南。

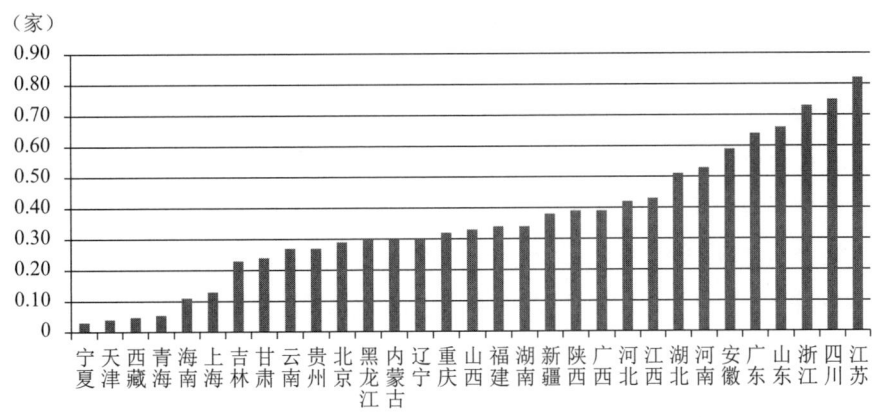

图 3-3 各省（市、区）景区指数排名

2. 景区动态化管理成常态，提升地方景区指数

近年来，为进一步树立 A 级旅游景区品牌形象，各地不断加大其旅游景区动态管理力度。

根据《旅游景区质量等级的划分与评定》国家标准和《旅游景区质量等级管理办法》的相关要求，江苏省文化和旅游厅于 2019 年 10 月 11 日发布通报，给予南京溧水周园、苏州张家港永联小镇景区、盐城海盐历史文化景区和宿迁雪枫公园等4家4A级景区警告处理，并限期3个月整改到位；给予扬州京华城休闲旅游区降级处理，由4A级景区降为3A级景区。被处理景区存在的主要问题包括：游览边界范围不清、单位多头管理混乱、旅游安全存在隐患、智慧旅游发展滞后、接待服务质量下降。

2019年9月，四川省文化和旅游厅发布文件，在此轮A级旅游景区复核检查中，通报处理共13家4A级景区，成都市武侯区中国女鞋之都、自贡市高新区釜溪河文化博览园、眉山市彭山区农业嘉年华等3家景区被取消等级；自贡市高新区花香田园景区被降低等级；南充市蓬安县嘉陵第一桑梓景区被严重警告；达州市渠县碧瑶湾、巴中市恩阳区万寿养生谷等8家景区被警告。以上景区主要存在缺少核心吸引物、游客中心基本功能缺失、标识系统不完善、安全管理质量不高、服务意识淡薄、公共配套设施不达标、讲解服务缺失等问题。

2019年7月，文化和旅游部发布通知，对山西省晋中市乔家大院景区予以取消质量等级处理，对辽宁省沈阳市沈阳植物园景区、浙江省温州市雁荡山景区、河南省焦作市云台山景区、广东省梅州市雁南飞茶田景区、四川省乐山市峨眉山景区和云南省昆明市石林景区等6家5A级旅游景区予以通报批评处理，限期3个月整改。

2019年10月，山东省文化和旅游厅决定，给予淄博市沂源牛郎织女景区、泰安市岳海新天街文化旅游区、威海市中韩边贸城、滨州市秦皇河公园等4家景区取消旅游景区质量等级处理；给予烟台市塔山风景区、日照市浮来山风景区等2家景区降低等级处理；给予济南市水帘峡风景区、青岛市银海国际游艇俱乐部旅游区、枣庄市月亮湾旅游区、枣庄市汉诺庄园旅游区、东营市黄河三角洲动物园、烟台市招虎山国家森林公园、潍坊市大源生态游乐园、济宁市尼山孔庙及书院景区、泰安市天乐城旅游休闲区、临沂市雪山彩虹谷旅游区、临沂市皇山东夷文化休闲旅游区、临沂市东方瑞海国际温泉度假村、德州市太阳谷景区、聊城市天沐·江北水城温泉度假村、滨州市鹤伴山森林旅游区等15家景区警告责令整改处理，限期3个月。

文化和旅游部将不断加强景区动态管理，提升旅游景区质量。将进一步健全完善A级景区动态管理机制，坚持5A级景区进出有序，动态管理，加大事中事后监管力度，推进景区安全、质量、秩序常态化监管，督促指导各类旅游景区不断提升管理服务水平，使5A级景区始终保持环境优美、服务周到、品质上乘、游客满意的旅游品牌。

（二）旅游接待能力指数

2019年，江苏、广东、贵州分列国内旅游收入前三位，贵州、山东、河南分列接待旅游人次前三位，新疆、广西和重庆国内旅游收入增幅最大，广东、内蒙古、吉林国内旅游人均消费最高。

1. 各省份国内旅游收入差距较大，呈现"东多中少、南多北少"的格局

旅游收入由旅游接待人数决定，是确定国内旅游目的地的重要指标，易受各地区旅游业创造价值的能力影响。本节研究了2019年各省份国内旅游收入在空间上的分布特征，以及与2018年相比的发展演变趋势。

从图3-4可以看出2019年各省份国内旅游收入存在较大差距，江苏省以13 902.2亿元保持第一。此外，广东、贵州、四川、山东、浙江、云南六省国内旅游收入均超过10 000亿元。宁夏、青海、西藏、海南国内旅游收入处于较落后的排名，旅游收入不足1000亿元。其中宁夏旅游总收入为335.56亿元，较2018年增长速度趋缓，占全国旅游总收入的0.15%，占江苏省旅游总收入的2.41%。

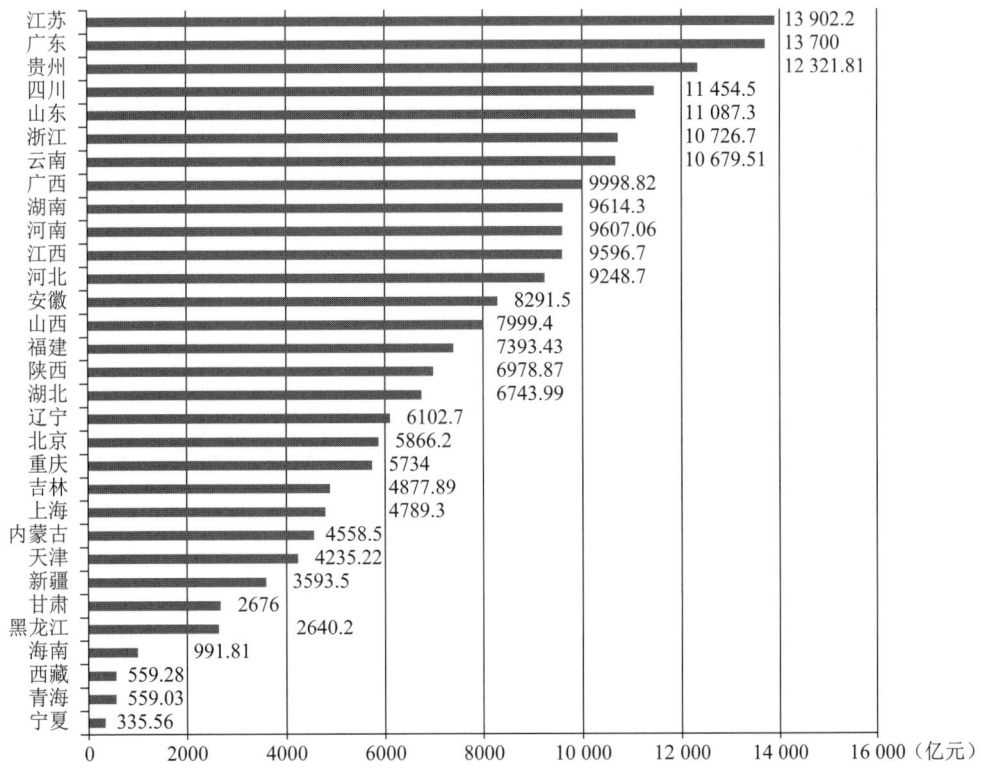

图3-4　2019年各省份国内旅游总收入

2019年各省份之间的国内旅游收入的增长速度不均衡，国内旅游收入增长率最高的是新疆维吾尔自治区，年增长率为43.90%，广西壮族自治区和重庆市紧随其后，增长率分别为34.50%、32.00%，增速明显。总体来看，2019年各省份国内旅游收入均有所增加，无负增长情况，但增速有所不同，增长幅度大的除福建省之外，其余均为中西部地区（新疆、广西、贵州、甘肃），其余地区增速趋缓。

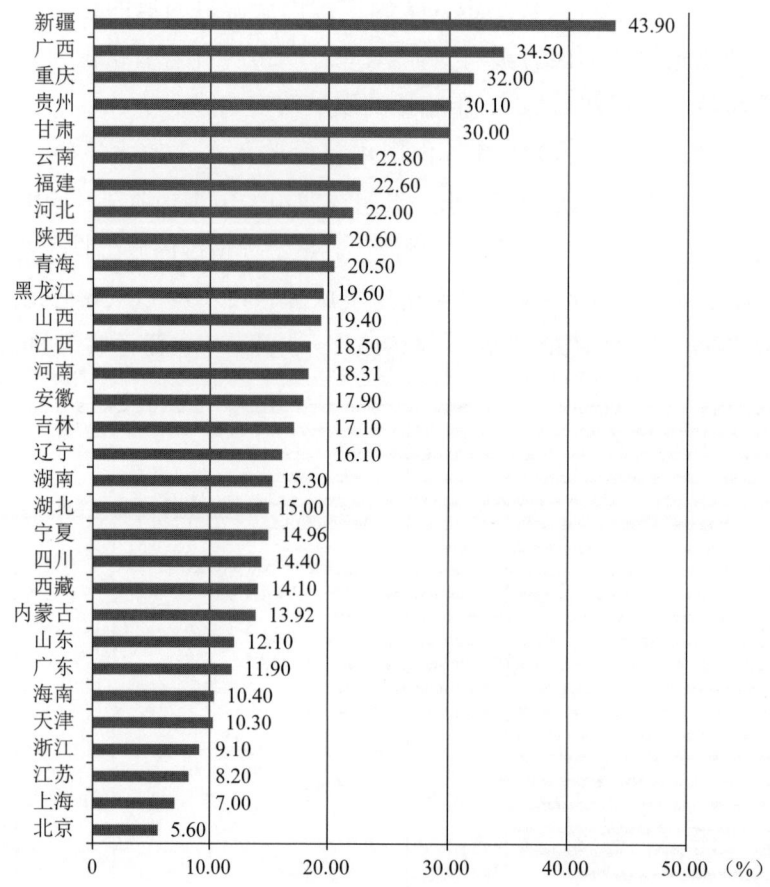

图3-5　2019年各省份国内旅游收入增长率

2019年，各地区国内旅游收入如图3-6，东部地区以95 561.65亿元的国内旅游收入稳居区域首席，而中部地区的国内旅游收入仅有51 852.95亿元，约为东部地区的二分之一。西部地区历史资源丰富，但自然资源相对缺少，再加上政府、地方居民对历史文化遗迹的保护程度不足、开发力度不够，相对应的配套设施有待完善等一系列问题，使其国内旅游收入相对处于劣势，为69 655.64亿元。

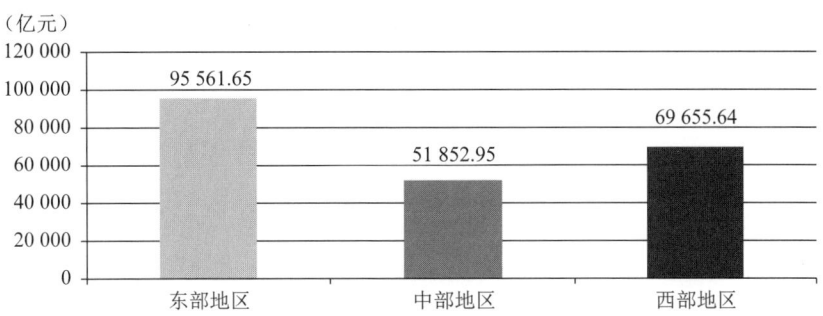

图 3-6　各地区国内旅游收入情况

2. 各省份接待国内游客人数差距明显，呈现"东多中少、南多北少"的格局

由图 3-7 可以看出，2019 年我国各省份国内接待游客人数差距较大，其中贵州省以 11.36 亿人次蝉联全国榜首，山东省则位居第二位，接待国内游客人数为 9.39 亿人次，第三位为河南省，接待国内游客人数为 9.02 亿人次，江苏省退居第四位，为 8.80 亿人次。宁夏、西藏、青海、海南四个省、自治区接待游客数量最少，均不足 1 亿人次。

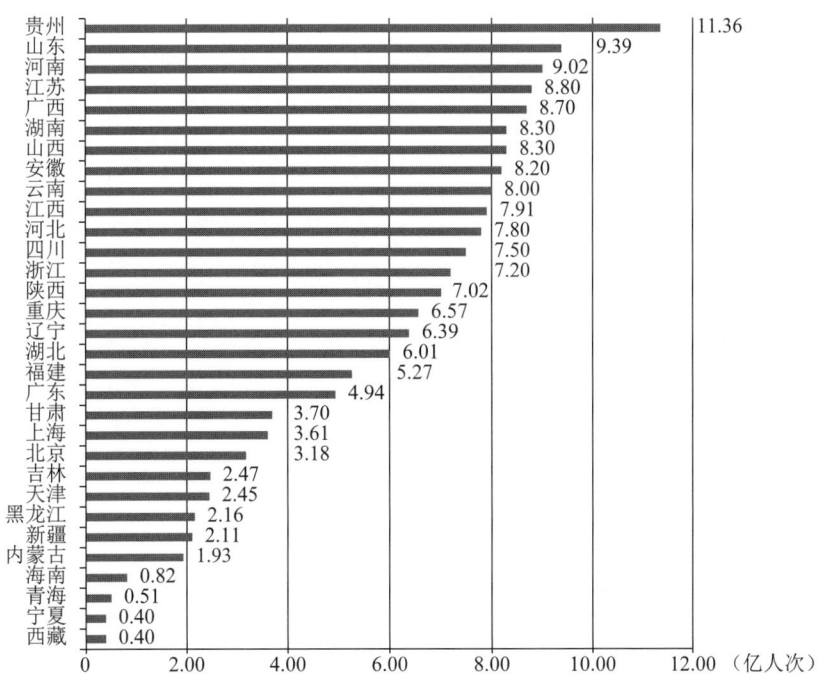

图 3-7　2019 年各省国内旅游接待规模

由图 3-8 可以看出我国各省份之间旅游接待增长率差距较大。其中增长率最快的是新疆维吾尔自治区，国内游客接待人数增长率高达 43.30%，远远超出其他省份。内蒙古自治区、广西壮族自治区及甘肃的增长率位于第二至第四名，其增长率分别为 33.16%、28.40% 和 24.00%。增长率最低的为北京、浙江和四川，其三省市增长率均不超过 7.00%，分别为 3.70%、5.50% 和 6.40%。

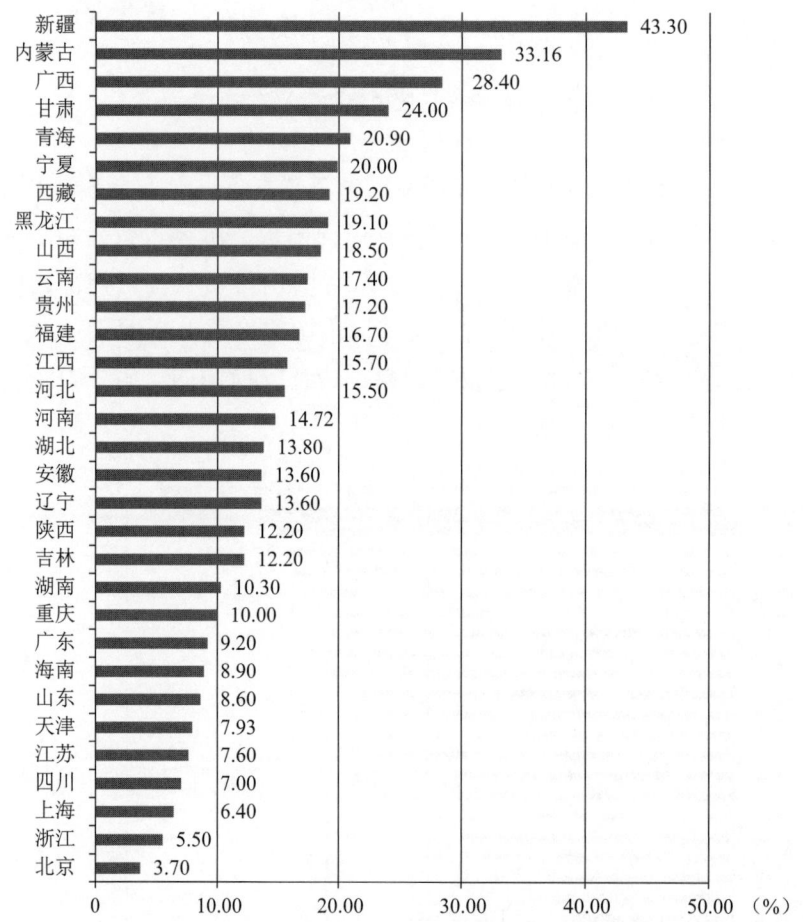

图 3-8　2019 年各省国内旅游接待人数增长率

由图 3-9 可以看出来，各区域间旅游接待量之间存在着较大差异，东部地区凭借接待 64.48 亿人次的游客量而位居榜首，中部地区游客接待量最少，为 47.74 亿人次，西部地区为 58.54 亿人次，呈现出东多中少的游客接待量的格局。

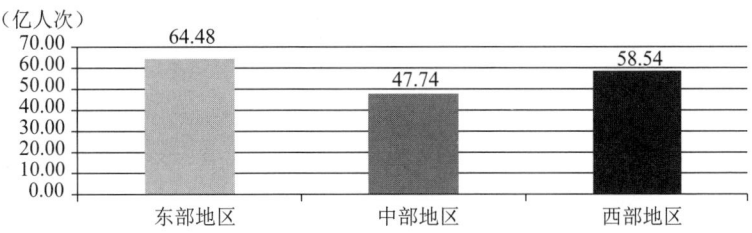

图 3-9 各地区国内旅游接待量

3. 目的地旅游消费水平与当地整体物价呈现正相关关系

国内旅游人均消费指标是由国内旅游收入除以国内旅游人次之后得出，反映了国内旅游每人次的消费额，是反映各地区旅游业创造价值能力的重要指标。本节主要研究 2019 年国内旅游人均消费在空间上的分布特征。

图 3-10 反映了我国各省份国内旅游人均消费差距。2019 年广东省的国内旅游人均消费位居全国第一，其国内旅游人均消费达到 2773.28 元；2018 年居第一位的内蒙古自治区人均消费降为 2361.92 元，降幅明显。国内旅游人均消费低于 1000 元的省份数量为 6 个，包括甘肃、宁夏、重庆、辽宁、山西和陕西。

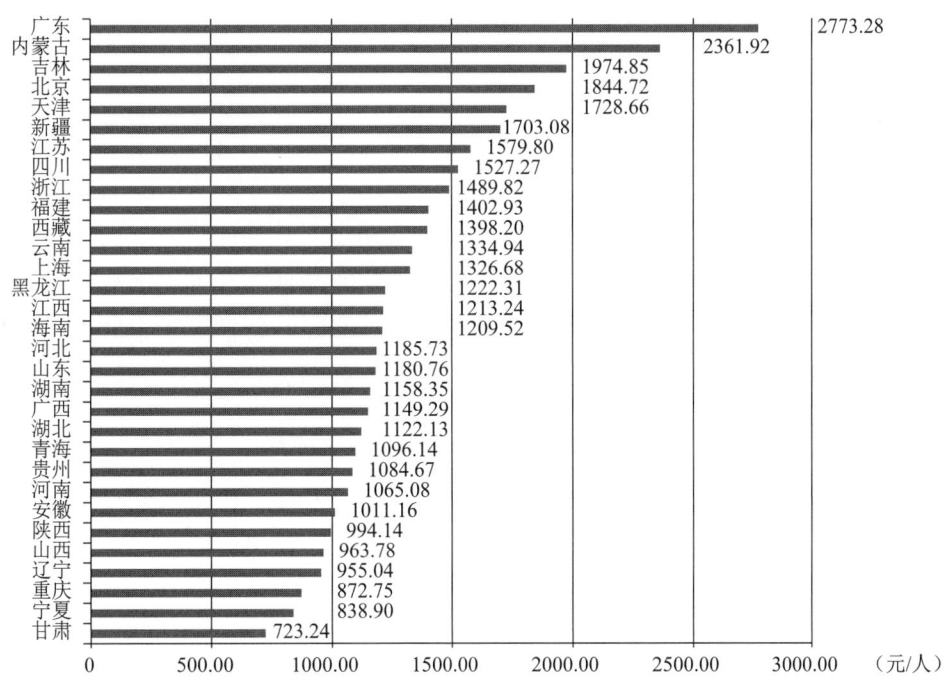

图 3-10 2019 国内各省份旅游人均消费水平

2019年各地区的国内旅游人均消费地理分布,并不像国内旅游接待人数或国内旅游收入一样表现出明显的中、东、西分布的特征。其中,经济发达的京津地区和长三角地区旅游人均消费较高,国内旅游规模较小的新疆、西藏和内蒙古等边疆地区旅游人均消费较高,而传统旅游大省(市)中重庆和甘肃等地区消费人均消费则相对较低。

由图3-11可以看出来,各区域间旅游接待量之间差异不显著,东部地区国内旅游人均消费为1482.04元,而西部地区为1189.88元,中部地区最少,为1086.15元。

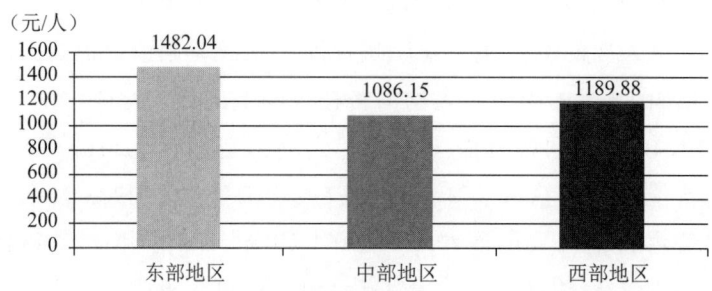

图3-11 各地区国内旅游人均消费水平

(三)星级酒店发展指数

1. 各地区高星级饭店数量情况,中部最少

2019年,从我国各省份高星级饭店数量排名来看,总体呈现东多西少的格局。其中五星级饭店数量排名前三位的省份为广东、江苏和浙江,分别为98家、80家和74家。四星级酒店中,数量排名前三位的是浙江、江苏、山东,分别有154家、140家和135家。吉林、宁夏、青海等西部省份高星级酒店较少,其中五星级酒店数量均不超过三家,四星级酒店的数量分别为25家、26家和34家。

表3-1 2019年各省份五、四星级饭店数

省份	五星级	四星级	饭店指数	省份	五星级	四星级	饭店指数
北京	61	124	0.71	河南	20	83	0.37
天津	13	34	0.18	湖北	21	71	0.34
河北	21	113	0.47	湖南	20	64	0.31
山西	11	36	0.17	广东	98	132	0.93

续表

省份	五星级	四星级	饭店指数	省份	五星级	四星级	饭店指数
内蒙古	10	31	0.15	广西	10	82	0.32
辽宁	26	68	0.35	海南	23	34	0.23
吉林	2	25	0.09	重庆	22	35	0.23
黑龙江	6	43	0.17	四川	29	101	0.48
上海	72	62	0.57	贵州	6	53	0.20
江苏	80	140	0.86	云南	19	75	0.34
浙江	74	154	0.88	西藏	2	9	0.04
安徽	23	106	0.46	陕西	15	45	0.22
福建	50	119	0.64	甘肃	3	59	0.21
江西	16	105	0.42	青海	1	34	0.12
山东	33	135	0.61	宁夏	0	26	0.08
新疆	12	41	0.19				

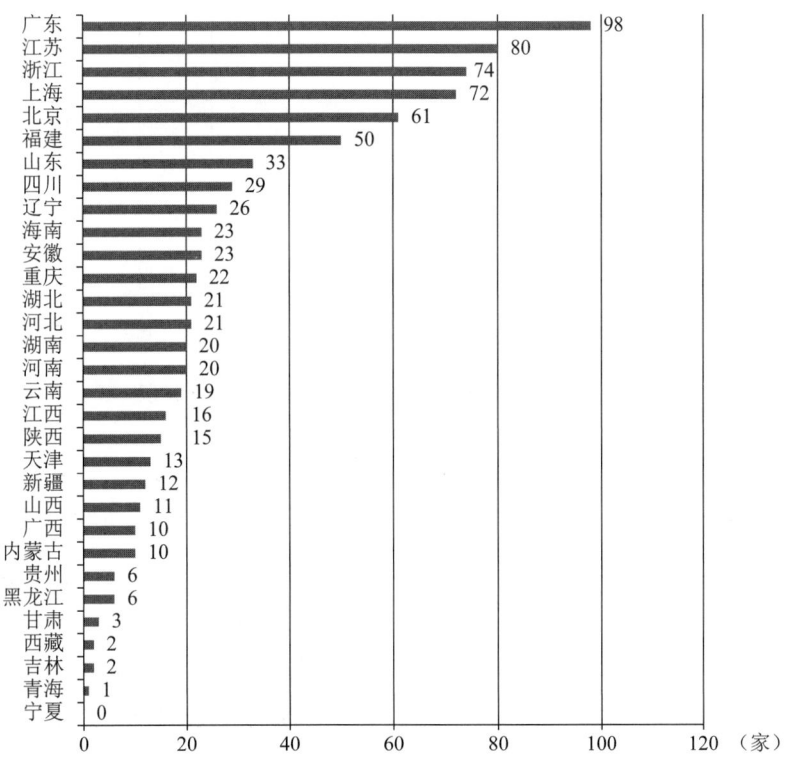

图 3-12　全国各省（市、区）五星级酒店分布情况

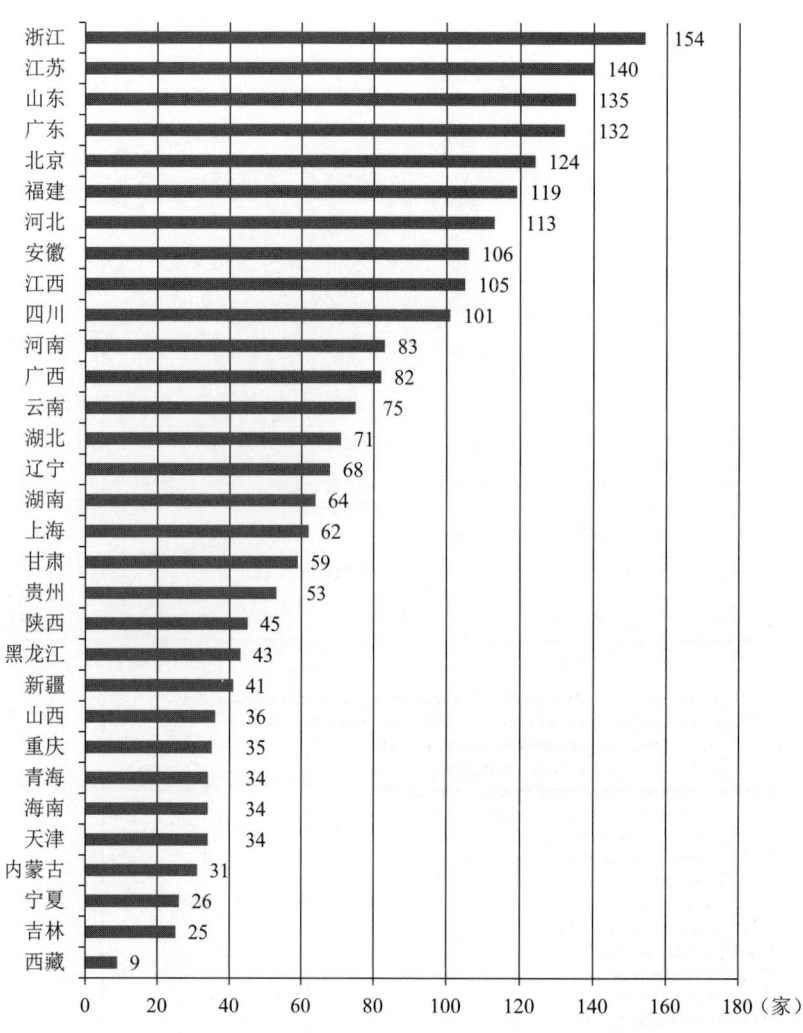

图3-13 全国各省（市、区）四星级酒店分布情况

从区域星级饭店数量的发展趋势来看（图3-14），东部、中部和西部的星级饭店数量在2013年到2015年整体呈下降趋势，直到2016年才均有所增加，但2019年星级饭店数量又呈现下降的趋势。其中东部地区的饭店数量最多，为3861家，较2018年有所下降，但占全国星级饭店数的比值提高，为47.80%；西部地区次之，星级饭店数量为2636家，数量下降，总数占全国星级饭店数量的32.64%；中部地区的星级饭店数量最少，星级饭店数量为1580家，占全国星级饭店数量的19.56%。

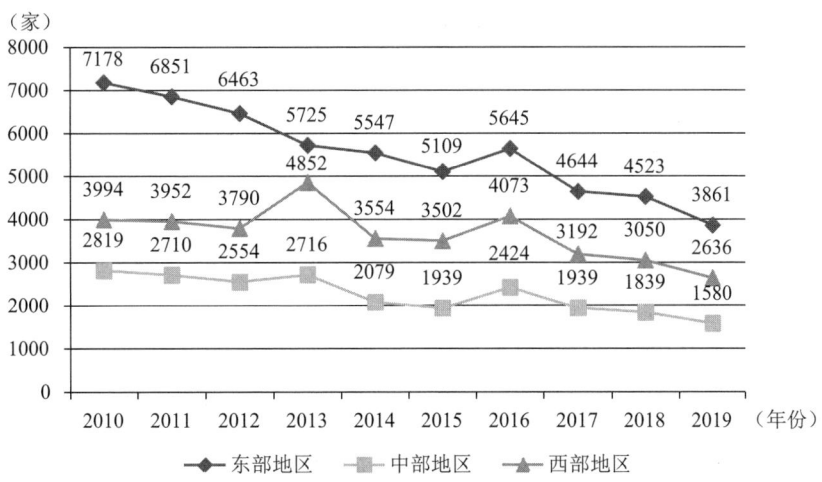

图 3-14 区域星级饭店数量发展趋势

从区域星级饭店在全国的占比来看（图 3-15），东部所占比重最大，西部次之，中部所占的比重最小。2019 年区域星级酒店在全国的占比相较于 2018 年整体变化不大，但局部稍有调整。其中，中部和西部地区增长了不足 1%，而东部地区小幅度下降，下降幅度为 0.98%。

图 3-15 区域星级饭店数在全国占比

2.各地区星级饭店经营情况

（1）总体情况

根据 2019 年第三季度全国星级饭店统计报告，全国星级饭店第三季度平均房价为 352.68 元 / 间夜，同比增加 3.20%；平均出租率为 59.88%，同比下降 1.61%；每间可供出租客房收入为 211.17 元 / 间夜，同比增加 1.54%；每间客房平摊营业收入为 36 659.76 元 / 间，同比增加 0.88%。

从第三季度各地区经营情况看，平均房价高于全国平均水平 352.68 元 / 间夜的有 8 个省份，位居全国前 5 位的为上海、北京、海南、广东和福建，其中上海最高为 711.57 元 / 间夜。平均出租率高于全国平均水平 59.88% 的有 11 个省份，位居前 5 位的为新疆兵团、北京、上海、新疆和福建，其中新疆兵团最高为 76.27%。每间可供出租客房收入高于全国平均水平 211.17 元 / 间夜的有 8 个省份，位居前 5 位的为上海、北京、福建、广东和山东，其中上海最高为 478.77 元 / 间夜。每间客房平摊营业收入高于全国平均水平 36 659.76 元 / 间的有 8 个省份，位居前 5 位的为上海、北京、江苏、广东和福建，其中上海最高为 81 565.00 元 / 间。

（2）全国各省（区、市）星级饭店经营情况

各省（区、市）星级饭店经营情况如表 3-2 所示。

表 3-2　各省（区、市）星级饭店经营情况

地区	一星级			二星级			三星级			四星级			五星级		
	数量	平均房价（元/间夜）	平均出租率（%）	数量	平均房价（元/间夜）	平均出租率（%）	数量	平均房价（元/间夜）	平均出租率（%）	数量	平均房价（元/间夜）	平均出租率（%）	数量	平均房价（元/间夜）	平均出租率（%）
合计	34	87.91	48.53	1166	169.13	55.02	3831	226.43	56.65	2247	339.14	61.20	799	598.09	64.32
北京	0	0	0	52	319.67	65.69	186	371.39	68.66	124	503.52	78.56	61	805.14	76.11
天津	0	0	0	6	161.15	63.24	23	262.56	53.63	34	348.27	52.66	13	502.45	68.78
河北	1	115.01	54.04	44	118.43	40.64	138	215.16	50.33	113	309.25	53.70	21	460.66	62.64
山西	0	0	0	17	115.47	51.62	62	179.05	55.89	36	277.77	52.79	11	374.11	62.51
内蒙古	0	0	0	71	132.15	46.18	92	196.33	53.34	31	298.78	64.05	10	473.19	66.45
辽宁	1	100.00	18.52	36	197.27	49.82	126	223.12	50.77	68	356.43	69.52	26	518.22	67.30
吉林	0	0	0	10	200.75	53.87	41	230.01	50.47	25	299.76	60.53	2	567.00	66.83
黑龙江	1	128.03	65.13	19	169.27	50.42	98	169.42	46.95	43	288.20	51.37	6	485.06	62.62
上海	0	0	0	10	348.01	72.21	51	347.65	58.80	62	505.24	65.97	72	913.63	69.94
江苏	0	0	0	29	169.13	51.63	182	195.52	55.12	142	312.22	57.53	80	504.48	60.37

续表

地区	一星级 数量	一星级 平均房价（元/间夜）	一星级 平均出租率（%）	二星级 数量	二星级 平均房价（元/间夜）	二星级 平均出租率（%）	三星级 数量	三星级 平均房价（元/间夜）	三星级 平均出租率（%）	四星级 数量	四星级 平均房价（元/间夜）	四星级 平均出租率（%）	五星级 数量	五星级 平均房价（元/间夜）	五星级 平均出租率（%）
浙江	3	94.97	50.06	60	202.45	59.29	192	262.17	55.66	154	355.71	59.47	74	483.93	58.29
安徽	0	0	0	17	137.91	56.27	103	161.99	53.49	106	310.56	55.02	23	349.16	65.67
福建	1	108.98	73.02	10	213.26	63.84	110	245.57	62.30	119	365.06	67.09	50	542.22	63.91
江西	0	0	0	16	181.48	57.74	132	186.41	51.25	105	244.84	51.63	16	350.95	58.34
山东	0	0	0	33	195.15	56.72	277	226.56	56.85	135	351.77	64.57	33	648.64	66.35
河南	1	98.16	95.88	48	134.44	48.17	194	174.62	55.87	83	289.09	57.09	20	473.14	64.55
湖北	1	150	74	46	155.52	63.26	133	191.06	61.46	71	281.62	55.60	21	550.31	70.06
湖南	0	0	0	69	128.07	61.39	165	199.23	64.33	64	298.03	64.03	20	409.44	62.30
广东	0	0	0	37	199.47	57.82	289	252.65	55.88	132	338.54	56.95	98	609.87	58.05
广西	0	0	0	55	128.65	53.08	198	166.25	52.48	82	245.85	57.44	10	475.96	58.65
海南	2	62.70	36.09	5	123.56	39.97	44	166.33	39.42	34	241.22	45.79	23	598.68	59.09
重庆	0	0	0	19	138.48	55.26	50	236.82	49.06	35	296.69	50.88	22	473.28	59.11
四川	0	0	0	75	166.83	57.26	116	217.11	56.02	101	302.55	59.71	29	543.50	63.31
贵州	3	106.56	41.50	26	159.58	49.04	73	198.95	54.45	53	315.62	66.14	6	542.08	66.56
云南	16	25.07	47.62	180	67.61	49.49	205	134.26	53.03	75	221.62	59.89	19	404.72	55.39
西藏	0	0	0	4	253.96	62.01	7	324.08	37.47	9	429.38	58.33	2	770.33	73.41
陕西	0	0	0	46	138.08	55.34	160	177.16	60.73	45	291.76	59.22	15	523.67	74.00
甘肃	0	0	0	35	131.78	53.16	100	203.26	52.89	59	279.58	61.56	3	445.57	63.45
青海	2	200.00	74.43	51	161.65	59.34	96	214.80	56.41	34	304.00	64.43	1	706.05	62.66
宁夏	2	91.43	10.25	3	101.28	28.80	30	198.65	47.95	26	235.30	60.09	0	0	0
新疆	0	0	0	35	212.02	55.03	138	253.58	62.70	41	343.69	77.37	12	535.00	75.73
新疆兵团	0	0	0	2	172.78	93.43	20	285.35	69.73	6	248.62	84.92	0	0	0

一星级饭店：平均房价高于全国一星级饭店平均水平87.91元/间夜的有10个省份，其中青海、湖北和黑龙江的平均房价超过了120元/间夜；平均出

租率高于全国一星级饭店平均水平48.53%的有7个省份,其中河南、青海、湖北和福建的平均出租率超过了70%。

二星级饭店:平均房价高于全国二星级饭店平均水平169.13元/间夜的有12个省份,其中上海和北京的平均房价超过了300元/间夜;平均出租率高于全国二星级饭店平均水平55.02%的有17个省份,其中新疆兵团和上海的平均出租率超过70%。

三星级饭店:平均房价高于全国三星级饭店平均水平226.43元/间夜的有11个省份,其中北京和上海的平均房价超过了340元/间夜;平均出租率高于全国三星级饭店平均水平56.65%的有9个省份,其中新疆兵团和北京的平均出租率超过了65%。

四星级饭店:平均房价高于全国四星级饭店平均水平339.14元/间夜的有8个省份,其中北京和上海的平均房价超过了500元/间夜;平均出租率高于全国四星级饭店平均水平61.20%的有12个省份,其中新疆兵团、北京和新疆的平均出租率超过了75%。

五星级饭店:平均房价高于全国五星级饭店平均水平598.09元/间夜的有6个省份,其中上海和北京的平均房价超过了800元/间夜;平均出租率高于全国五星级饭店平均水平64.32%的有13个省份,其中北京、新疆、陕西和湖北的平均出租率超过70%。

(3)全国50个重点旅游城市情况

第三季度全国50个重点旅游城市星级饭店营业收入为327.34亿元,占全国营业收入的66.43%。北京、上海、广州、杭州、南京和深圳等6个城市的星级饭店营业收入超过了10亿元,其中北京营业收入最高,达到65.53亿元。

从第三季度各城市经营情况看,平均房价高于全国平均水平352.68元/间夜的有24个城市,位居前10位的分别为上海、深圳、北京、三亚、青岛、厦门、福州、武汉、广州和大连,其中上海的平均房价最高,为711.57元/间夜。平均出租率高于全国平均水平59.88%的有30个城市,位居前10位的分别为北京、乌鲁木齐、青岛、兰州、南京、贵阳、丽江、沈阳、西安和上海,其中北京的平均出租率最高,为73.74%。每间可供出租客房收入高于全国平均水平211.17元/间夜的有28个城市,位居前10位的分别为上海、北京、青岛、深圳、三亚、南京、厦门、武汉、广州和大连,其中上海的每间可供出租客房收入最高,为478.77元/间夜。每间客房平摊营业收入高于全国平均水平36 659.76

元/间的有 29 个城市，位居前 10 位的分别为南京、上海、北京、广州、深圳、青岛、济南、福州、无锡和厦门，其中南京的每间客房平摊营业收入最高，为 86 904.73 元/间。

表 3-3　全国 50 个重点旅游城市星级饭店经营情况统计表（按地区分）

指标 地区	平均房价（元/间夜）	平均出租率（%）	每间可供出租客房收入（元/间夜）	每间客房平摊营业收入（元）	平均房价同比（%）	平均出租率同比（%）	每间可供出租客房收入同比（%）	每间客房平摊营业收入同比（%）
北京	525.93	73.74	387.80	65 849.84	10.88	0.34	11.25	5.96
天津	371.13	57.53	213.50	38 781.70	−7.62	−2.70	−10.11	−10.19
石家庄	311.29	58.73	182.83	36 207.31	1.87	−7.78	−6.06	−10.38
秦皇岛	414.43	51.44	213.18	32 006.88	9.35	−1.26	7.97	7.07
太原	292.22	59.75	174.59	40 474.31	−0.97	−7.15	−8.05	10.28
呼和浩特	350.61	65.21	228.64	41 303.50	−0.81	2.61	1.79	2.32
沈阳	345.00	67.77	233.83	32 059.47	21.43	−2.28	18.66	−8.71
大连	447.60	64.35	288.05	40 911.93	21.68	−5.21	15.34	13.25
长春	337.78	61.61	208.11	41 260.61	4.56	−11.99	−7.98	−9.12
哈尔滨	307.79	57.89	178.17	27 763.40	−0.89	−9.52	−10.33	−26.15
上海	711.57	67.28	478.77	81 565.00	0.72	−3.00	−2.30	−4.74
南京	441.66	71.39	315.29	86 904.73	0.94	−2.32	−1.40	44.08
无锡	383.15	55.62	213.10	52 970.44	2.16	0.43	2.60	22.26
苏州	412.62	52.35	216.01	46 433.16	0.13	−9.18	−9.06	−4.94
杭州	417.80	66.03	275.86	44 568.14	−1.38	−4.53	−5.85	−12.21
宁波	403.51	56.72	228.85	45 605.02	4.21	−5.17	−1.18	−2.53
温州	328.28	57.96	190.28	45 369.14	−1.42	−6.72	−8.04	5.69
合肥	312.20	59.66	186.26	38 274.05	1.72	−8.78	−7.22	−2.65
黄山	380.58	58.63	223.14	37 469.36	−5.70	7.38	1.26	10.82
福州	457.48	59.81	273.64	55 039.97	24.73	−9.43	12.97	22.54
厦门	474.70	66.35	314.97	48 649.57	2.22	−5.23	−3.13	−5.52

续表

地区 \ 指标	平均房价（元/间夜）	平均出租率（%）	每间可供出租客房收入（元/间夜）	每间客房平摊营业收入（元）	平均房价同比（%）	平均出租率同比（%）	每间可供出租客房收入同比（%）	每间客房平摊营业收入同比（%）
泉州	352.07	64.90	228.48	46 488.98	29.96	13.50	47.50	22.46
南昌	265.66	59.62	158.39	24 331.24	6.48	−8.81	−2.90	−14.89
济南	380.34	64.61	245.75	55 080.58	−2.04	−4.53	−6.48	−3.70
青岛	487.33	72.04	351.08	57 426.45	−4.30	−1.76	−5.99	−5.85
郑州	258.49	63.73	164.75	31 595.02	−0.39	3.75	3.34	0.61
洛阳	250.86	52.99	132.92	27 737.13	7.61	5.20	13.21	9.44
武汉	452.10	64.71	292.58	42 963.84	10.64	−1.83	8.62	0.82
宜昌	233.95	51.67	120.89	24 514.36	15.84	−10.99	3.11	16.77
长沙	350.11	65.71	230.07	40 778.57	1.82	−3.44	−1.68	−0.80
张家界	235.00	62.78	147.54	23 656.17	6.66	−4.02	2.37	13.56
广州	451.50	64.03	289.08	61 475.77	−22.94	−2.13	−24.58	−13.25
深圳	532.63	64.95	345.95	59 873.46	2.78	−5.01	−2.37	12.74
珠海	328.42	62.14	204.09	27 535.35	−3.38	−0.43	−3.79	2.01
东莞	396.60	40.02	158.71	40 108.41	10.36	−7.63	1.94	9.18
南宁	240.43	60.02	144.30	27 894.59	−2.89	−1.58	−4.42	−13.53
桂林	259.65	61.96	160.89	22 437.10	2.26	−6.69	−4.58	−5.81
海口	264.19	49.21	130.00	25 915.92	2.50	−20.14	−18.15	−10.63
三亚	509.99	61.96	316.01	41 940.25	−10.10	−4.00	−13.69	−7.97
重庆	332.92	53.32	177.52	27 965.85	−1.24	1.11	−0.14	6.50
成都	415.08	65.71	272.74	46 492.99	1.84	−2.21	−0.41	0.81
贵阳	371.47	70.20	260.78	46 552.04	−1.36	−7.99	−9.24	−2.87
昆明	223.23	59.36	132.52	28 744.99	−30.10	2.69	−28.22	8.97
丽江	256.32	69.73	178.72	22 415.17	3.22	13.93	17.61	10.87
拉萨	626.57	54.31	340.27	47 050.71	28.73	−32.84	−13.54	2.74
西安	371.33	67.61	251.06	39 765.47	3.03	12.56	15.97	36.48

续表

指标 地区	平均房价（元/间夜）	平均出租率（%）	每间可供出租客房收入（元/间夜）	每间客房平摊营业收入（元）	平均房价同比（%）	平均出租率同比（%）	每间可供出租客房收入同比（%）	每间客房平摊营业收入同比（%）
兰州	268.43	71.47	191.83	29 630.76	-12.09	1.95	-10.38	0.59
西宁	295.35	65.80	194.34	29 727.09	-26.26	-7.97	-32.14	-14.94
银川	225.03	60.80	136.82	17 079.91	-5.07	11.59	5.93	-22.96
乌鲁木齐	380.20	72.15	274.33	47 173.36	1.51	-5.03	-3.59	-7.42

（4）50个重点旅游城市情况与2018年同期比较

平均房价：增幅位居前10位的城市为泉州、福州、大连、沈阳、宜昌、北京、武汉、东莞、秦皇岛和洛阳，其中泉州增幅最大，增幅为29.96%。

平均出租率：增幅位居前10位的城市为丽江、泉州、西安、银川、黄山、洛阳、郑州、昆明、呼和浩特和兰州，其中丽江增幅最大，增幅为13.93%。

每间可供出租客房收入：增幅位居前10位的城市为泉州、沈阳、丽江、西安、大连、洛阳、福州、北京、武汉和秦皇岛，其中泉州增幅最大，增幅为47.50%。

每间客房平摊营业收入：增幅位居前10位的城市为南京、西安、福州、泉州、无锡、宜昌、张家界、大连、深圳和丽江，其中南京增幅最大，增幅为44.08%。

（四）目的地旅游服务质量指数

东部地区旅游服务质量指数较高。

2019年目的地旅游服务质量最大的特点是，凡是旅游行政主管部门重点关注、强化监管、查处整治的领域，凡是目的地党委和政府切实重视和管理水平较高的地区，游客满意度水平都普遍较高，并呈现进一步上升的趋势。无论是团队旅游服务、旅游投诉处理、传统的"旅游六要素"涉及的行业，还是排名靠前的境内城市和境外目的地，均是如此。调查还显示，旅游主管部门只要敢于为游客发声，工作"蛮拼的"，市场就会有信心，游客就会及时给予"点赞"。

2019年，仍将省会城市的旅游服务质量作为整个省区市总体旅游服务质量的代表，用10分制打分，1分表示非常不满意，10分表示非常满意，通过比较，得出2019年各省份的旅游服务质量指数。

如图 3-16 所示，2019 年，旅游服务质量最高的省份是重庆市，为 8.42 分。旅游服务质量排名前五位的还有浙江、北京、河南、陕西；位于后五位的省区分别为山东、西藏、甘肃、广西、宁夏。其中，重庆市从 2018 年第五位跃居至第一位，而陕西省则从 2018 年旅游服务质量排名第一名跌至 2019 年的第五位。

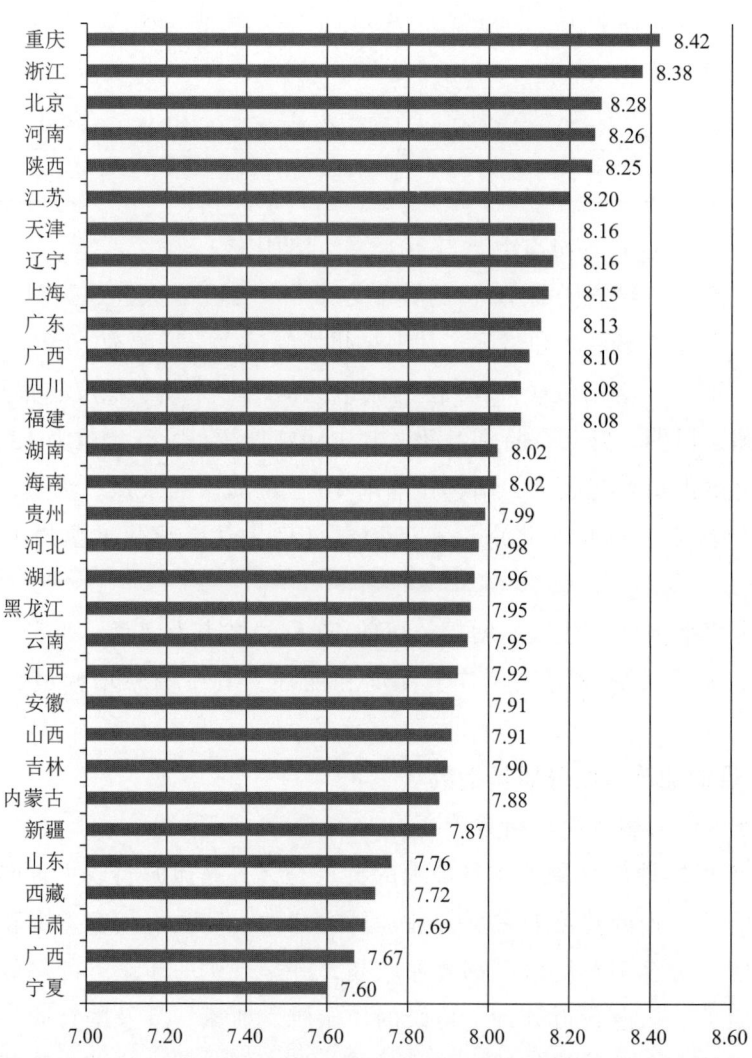

图 3-16　2019 年各省份旅游服务质量指数

（五）国内旅行社发展指数

2019 年，我国旅行社数量仍呈东多西少的分布态势。具体来说（见

图3-17），旅行社最多的省市为广东省，其次为北京、江苏、浙江、山东。与2018年的旅行社统计数据相比，广东省旅行社数量有较大幅度增长，升至第一位。北京、浙江、江苏、山东的旅行社数量波动比较小，且均有小幅度上升，位居前五。东北部地区中部地区、西部地区和东部地区的旅行社数量均有较大的增长。其中，旅行社分布较少的仍是东北部地区，旅行社最少的五个省（区、市）依次为宁夏、西藏、海南、天津和青海。

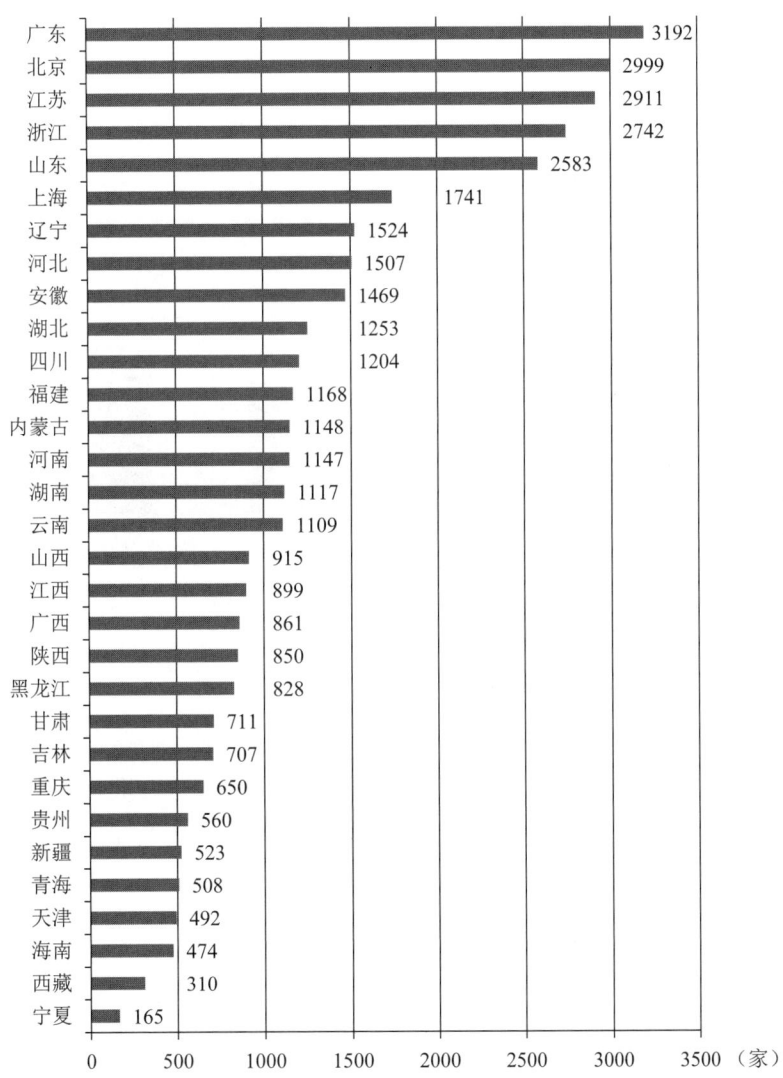

图3-17 2019年各省（区、市）旅行社总数

从图 3-18 可以看出，2019 年区域旅行社分布情况，依旧呈现出分布不均的问题，即东多中西少。其中，东部地区的旅行社数量大于中部地区、西部地区和东北部地区的旅行社之和，处于遥遥领先的发展地位。而东北部地区的旅行社数量为 3059 家，这部分原因是东北部地区统计省份仅有吉林、辽宁和黑龙江三省，也和三省旅游市场较不发达有关。

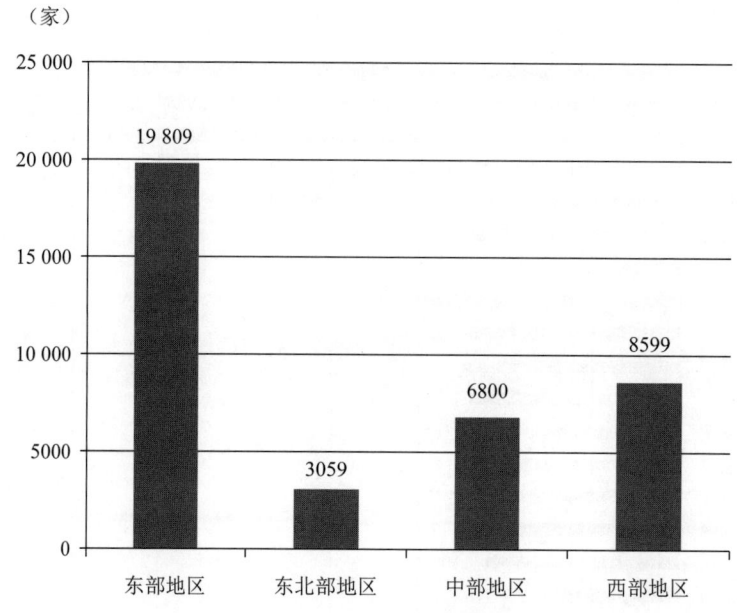

图 3-18　2019 年不同区域旅行社总数

（六）旅游产业综合发展水平

本报告延续 2018 年报告分析研究旅游目的地旅游产业综合发展水平和旅游目的地的关系，构建各地区的旅游产业发展指数。旅游产业发展指数通过对 2019 年目的地的景区数量、旅游收入、旅游接待量、饭店数量、旅行社规模共五个指标进行标准化处理并取算数平均值后得出。

图 3-19 反映了 2019 年各省（区、市）的旅游产业发展状况，其中江苏省以 0.86 位居全国第一，但较 2018 年有所降低，其次依然是山东、浙江、广东、四川，五省位列各省（区、市）旅游产业发展水平前五位。旅游产业发展水平后五位的分别是宁夏、西藏、青海、海南、天津。

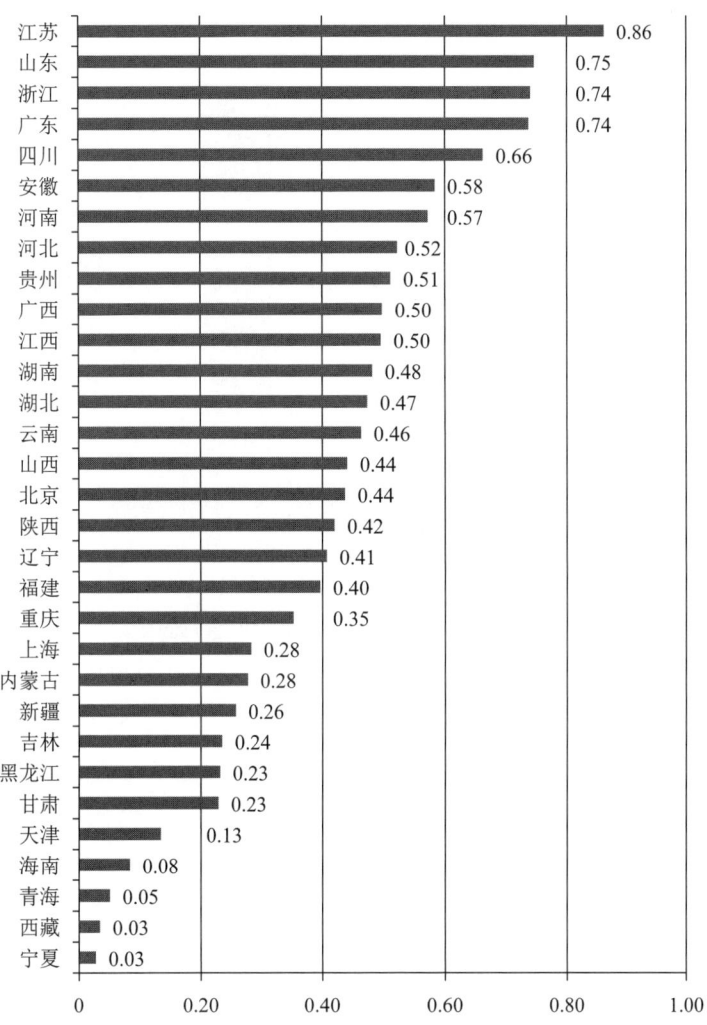

图3-19 2019年各省（区、市）旅游产业发展指数

由图3-20可以看出，我国各区域旅游产业综合发展水平东高西低的大格局未改变，西部地区的旅游发展指数是0.32，东北地区的旅游发展指数也为0.29，与中部和东部地区相比差距较大。中部地区的旅游综合发展水平凭借0.51高分超过东部地区，这与中部地区大力加强旅游基础设施建设的理念和国家、地方政府层面的政策支持密不可分；东部地区旅游发展指数则降为0.49，被中部地区超过，侧面说明东部地区旅游市场的创新增长点不足，发展动力较以往有所减少。

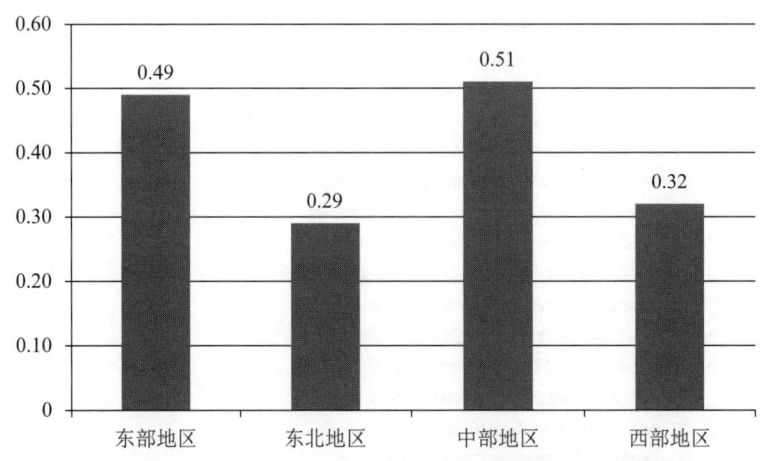

图 3-20　2019 年各区域旅游产业综合发展指数

二、科技创新对文旅产业产生变革性影响

（一）科技创新让旅游服务智慧化

近年来，人工智能一直是投融资的风口热点。全球人工智能行业融资总额逐年稳步增长，2010 年为 2 亿美元，2013 年已经翻了三倍达到 6 亿美元，2015 年达到 12 亿美元。美国人工智能初创企业的融资额在过去短短 2016—2019 年间增长几乎达到 10 倍。人工智能正在极大地改变旅游、酒店及相关产业，在旅游社区的路线设计、酒店的云端系统技术、OTA 的在线搜索、酒店收益管理等方面，都因人工智能而发生了显著的"智变"。

IBM 的 Watson 是最受关注的人工智能之一，从菜谱分析到球队管理，从健康顾问到酒店礼宾服务，已经在时尚、金融、医疗、旅游、法律、教育、交通等领域进行了很多商业融合。智能酒店需求方面提供礼宾服务和咨询，包括周边餐厅、旅游名胜推荐以及酒店设施解说等服务，及时回复用户请求，优化用户体验。

高质量的旅游业发展需要对游客提供精准的产品服务。基于大数据及机器学习技术，采用智能标签对消费者进行区分，掌握其来源地、年龄、兴趣和消费偏好等画像元素，可以快速地回应消费者的痛点、难点和兴趣点，提升产品和服务的市场竞争力。科技创新将推动这些快速发展，让用数字化技术去洞察、满足和引领消费者行为和需求变得更为容易，让旅游服务更加智慧化。

（二）科技创新颠覆了传统旅游的发展格局

在线旅游领域，互联网和数字化技术重塑了旅游业的交易环节，在线旅游巨头迅速取代了原有的旅行社、订票中心等渠道。《2019年度中国在线旅游市场数据报告》显示，2019年在线旅游市场交易规模达10 059亿元，用户规模达4.13亿人，同比2018年3.92亿人增长5.35%。

长期来看，OTA市场将形成携程系、阿里系、美团系三分天下的局面。酒店领域，共享住宿平台Airbnb于2019年3月宣布在全球超过600万套房源中开门迎客，房源数超过了全球六大酒店业集团所提供的房间总量。截至2019年上半年，途家民宿全球房源已超过230万，境内、境外预订订单量分别同比增长2倍和4倍，两年间业绩实现15倍增长。2019年，途家民宿整体增长在2倍左右，而高品质民宿"优选PRO"和豪华民宿实现了4倍的增长。在线旅游平台的大发展，促进了线上资源方与线下渠道方的同频共振，打破了旅游产业原有的结构，毫无疑问将对传统旅游业发展带来强大的冲击。科技赋能旅游改变了未来的竞争格局，为旅游者带来更多方便、更高品质和更多体验，促进旅游产业效率提升，助推旅游业高质量发展。

三、国内旅游目的地科技创新案例

（一）物联龙虎山，观光新体验

多年来，江西龙虎山智慧旅游的发展始终走在全国前列。随着科技发展和5G时代的到来，2019年江西龙虎山在全国率先实现了5G全覆盖，打造智慧物联景区，并应用数字化技术，把丰富的文化旅游资源，以更有趣生动的体验方式呈现到游客面前。

龙虎山景区推出江西省首个整合全市吃、住、行、游、娱、购相关旅游产品和服务的应用型全域旅游平台。游客可直接在手机上查询、下单、预订门票、预订酒店餐饮服务、享受优惠。同时平台还引入5G+AR旅游产品手机端体验，使游客能够更好地体验鹰潭文旅。"刷脸畅游"是"智慧物联龙虎山"的一枚新标签。利用人工智能、5G、物联网、云计算等前沿技术，让游客无须凭证，直接"刷脸检票"，整个过程只需1秒左右，为龙虎山景区实现了对各景点出入口通行的高效管理。NB-IOT智慧停车场——全国首个基于窄带物联网技术打造的景区智慧停车项目，真正意义上实现了景区停车场管理无人值守。游客在手机上就能查询龙虎山核心景区各个停车场的空闲车位，还可支持车位预约、支付、自助停车等便捷服务。5G+智慧竹筏——全国第一个在竹筏类项目中使用智能管理、智能互动系统的项目，由基于5G&Wi-Fi的监控调度管理平台以及移动端智能互动平台组成，实现了对景区所有竹筏进行安全生产监控及智能调度；游客也可通过竹筏视频直播等互动功能，分享游览体验，增加游览趣味性。5G+VR热气球——龙虎山5G物联时代的全新应用，采用5D平台、VR技术、5G抠像等技术，利用VR视角，让游客身临其境般俯瞰高空下的龙虎山"丹霞绝美、道宗绝圣、古越绝唱、阴阳绝妙"奇观。5G+AR智慧导览——基于5G通信环境，应用AR、LBS等技术，在龙虎山各主要景点进行点位设置，游客抵达指定景点时通过手机能看到融入了鲜活卡通形象的AR实景导览介绍，游客可以更生动形象地了解眼前景观的文化内涵和历史背景。5G+VR直播——这是5G赋能龙虎山景区，打造物联网时代旅游观光全新体验的智慧旅游应用。凭借5G、物联网、8K+VR、云计算等技术，通过VR直播全景摄像机，秀美如画卷的泸溪河、仙水岩景区捕鱼的鸬鹚，震撼刺激的悬棺表演……这一切都能实现"千里之外，身临其境赏美景"。

（二）5G时代，主题乐园的变革

2019年5月16日，深圳欢乐谷正式与中国电信携手启动"中国首个5G+体验乐园"战略合作。此次合作是深圳欢乐谷作为中国主题公园行业领跑者在5G时代的一次重大战略布局，标志着中国主题乐园进入"5G+"娱乐新时代。5G技术走进深圳欢乐谷，在主题乐园行业也将酝酿起一场游戏规则的革新。

未来游客将在深圳欢乐谷园区感受到5G"飞"一般的畅快网速，还将陆续玩到基于5G通信技术打造的虚拟现实、增强现实、4K全景、全息影像等以往只能在"超级玩家"这样的大片中看到的"黑科技"沉浸式互动娱乐项目，园内交通工具自动驾驶技术、随车智能导览播报、智能客服机器人、MR体验式导览、智能售卖机器人等创新服务模式的出现，可以让游客服务环节成为一场新奇有趣的体验之旅；以往游客们需要费尽心思提前规划才能尽可能多玩项目、多看表演，而智能服务机器人在分秒之间就能制订出个性化游览规划；而5G技术与园区演艺活动、节庆活动的结合，将进一步催化深圳欢乐谷与电竞、网游等年轻人最喜爱的元素跨界合作深度，大幅提升主题乐园产品的可玩性、体验性、多样性；在园区运营管理方面，深圳欢乐谷未来还将借助"5G"技术应用的不断成熟，持续创新，整合远程维修、无人巡防、物联网监测、无人配送等新的工作模式，打造快速反应的智慧管理指挥中心，实现"5G"智慧管理。

通过5G技术引入和园内基础设施的不断更新，深圳欢乐谷可能在不远的将来建立起5G+技术支持的指挥中心，实现现场运营管理的快速响应和数据智能分析决策，同时，远程维修、无人巡防、物联网监测、无人配送、大数据流智能统计分析、智能决策等新技术也将陆续投入应用，在业内率先实现智慧景区的数字化、智能化管理，达到提升园区管理效能，节约运营管理成本的目标。华侨城深圳欢乐谷敢闯敢做的行事风格，结合国内通信、互联网行业的领先者——中国电信，两者的战略合作，不仅响应了"把握机遇，构建5G时代技术产业优势"的号召，还有可能像20年前横空出世的欢乐谷一般，再次成为未来10年中国主题乐园5G+体验园区的标杆。同时，也会极大促进文旅产业、通信及互联网等产业的互通融合，从而实现产业供给侧改革，诱发"1+1大于2"的衍生效应。

（三）区块链赋能文旅产业，科技革新打造"数字云南"

将景区门票上"链"，交易即开发票，信息可查、可验、防篡改……2019年7月20日，在由云南省人民政府主办的2019年首届"数字云南"区块链国际论坛上，云南省人民政府省长阮成发与腾讯副总裁、腾讯云总裁邱跃鹏，通过"游云南"平台共同开出全国第一张区块链电子冠名发票。这是云南省与腾讯公司将区块链应用于税务领域的一次新探索，也是"一部手机游云南"项目和"游云南"平台立足于云南智慧旅游场景，助力"数字云南"建设的又一里程碑。

区别于传统电子发票，"游云南"区块链电子冠名发票把原有纸质冠名票线上化，基于区块链技术，使一张小小的门票信息具备了分布式存储、全流程完整追溯、不可篡改等特性，同时通过"资金流、发票流"二流合一，实现"交易即可开发票"。让开票更简单，让游客体验智慧便捷，安心省心。

区块链电子冠名发票对于景区应用场景而言更有其特殊的价值。在过去，部分景区采用纸质冠名票方式，每年需承担大量印制成本和耗费大量时间成本；同时，部分景区推动电子门票系统的应用，游客虽然可以网上购票、电子检票或刷脸入园，但仍需线下开具发票，线上环节无法实现闭环。而"游云南"区块链电子冠名发票凭借其优势，通过与景区电子门票系统的打通，让购票、开票线上化和同步化，实现业务全闭环，为用户彻底解决了智慧旅游的"最后一公里"。从监管角度来说,区块链电子冠名发票可进行全生命周期管理,实现从开具、流转、报销、存档等所有环节的发票流向管理。同时也可以实现基于发票流向的分析、基于纳税人贸易关系的分析等税务分析应用,方便税务部门进行全流程数据分析。

此外,腾讯与云南省紧密合作,依托互联网、云计算、大数据、人工智能等先进的数字科技能力,整合云南省全域旅游资源,打造了"一部手机游云南"这个标杆项目,为全国文旅产业智慧升级探索出了一条成功的路径。未来,将结合"一部手机游云南"建设,积极推动区块链技术的应用和推广,先行试点开具区块链旅游电子发票,逐步覆盖吃住行游购娱各个环节,实现区块链应用在云南的快速落地。

聚首当前,科技革新和产业革命深刻地改变着世界、改变着社会、改变着生活。云计算、大数据、人工智能、区块链等新一代信息技术不断取得突破,数字经济蓬勃发展,开辟了一个新的时代。展望未来,云南发展数字经济,建设"数字云南"大有可为,前景可期。腾讯公司、腾云公司将联合云南省做深做透应用场景,把区块链电子发票应用到更多的智慧旅游场景中,推动区块链技术应用的全面落地,打造"数字云南"时代信任基石。

(四)智慧平台助推行业发展,高新技术强化文旅建设

由重庆市文化和旅游发展委员会与重庆旅游集团联手打造的"重庆文旅云"便是智慧文旅平台的典型代表。重庆旅游云公司产品负责人表示,"文旅云"已经成为文旅产业的基础设施和智能大脑。在数据采集方面,重庆文旅云目前已完成重庆市内181家A级景区的视频数据、40家A级景区的客流数据、9家主要文化场馆预约参观数据及重庆市文化和旅游发展委员会产业数据的对接收口。在数据管控方面,重庆文旅云推出了文旅大数据"驾驶舱"、文旅"口袋云"两款产品,能够为文化旅游职能部门提供精准、高效的数据支撑和移动化管控,并为全市文化旅游从业者提供数据咨询服务。该负责人表示,今后可实现把文旅数据装进口袋,随时随地一手掌控全市文旅客流数据、业态指标、异常感知、联动预警等。

重庆旅游云公司还推出了文旅AIOT(智能物联)综合管控平台。该平台利用大数据、物联网技术,实现景区人、财、物数据的可视、可控、可管,包括游客画像、客源地分析、趋势分析、文旅设施设备、文旅舆情、文旅消费、文旅运营、资源能耗和文旅营销等运行数据的实时采集和可视化分析,从而提升管理效率，降低运营成本，强化应急事件响应能力，实现移动化管控。该负责人介绍道："以该平台上的消防管理系统为例，一旦景区发生火灾，可以通过智能传感器触发紧急预案，工作人员可在大屏上查看火情，进行远程门禁开控疏散人群，同时系统将自动生成任务并派发给相关工作人员，进行迅速响应、精准灭火。"

此外，由重庆市文化旅游委主导并联合多家企业研发的四大文旅大数据平台也在智博会上首次亮相。其中，巴渝文旅云以重庆有线的数字电视端、移动端为载体，为市民提供智慧公共文化旅游服务；重庆记忆文化大数据平台将文化资源叠加在 GIS 地图上，实现城市记忆可视化展示，文化数据自动关联形成记忆图谱。

近年来，重庆智慧旅游建设突飞猛进，在智慧旅游云建设、智慧旅游景区建设、数据共享等方面取得显著成绩。目前，重庆市旅游产业运行监测与应急指挥管理平台接入了 134 家 A 级景区视频数据、22 家 4A 级以上景区门禁票务系统数据，并实现了实时数据收集；首批 27 个智慧旅游景区和 32 个智慧旅游乡村示范试点建设全面展开，预计 2020 年年底完成；主城区重点旅游景区、文化场馆基本实现免费 Wi-Fi 覆盖；洪崖洞、红岩联线等知名度高、接待量大的景区，预约参观、智能闸机、智能售票等智慧旅游建设基本完成。

根据发展目标，到 2020 年，依托重庆智慧城市建设，重庆基本建成智慧文旅广电云平台，建设一批智慧旅游示范区县、景区、乡镇，共享智慧交通、地理信息等数据库，形成全域智慧旅游网络体系框架；到 2022 年，重庆市智慧旅游服务能力明显提升，智慧管理能力持续增强，大数据挖掘和智慧营销能力明显提高，移动电子商务、旅游大数据系统分析技术等在旅游业应用更加广泛。

第四章
国内旅游客流空间流动特征

2019年，全域旅游的发展继续深入，相关政策扶持力度加码，铁路建设提速，旅游大交通格局优化、区域内部交通建设亮点频出，旅游流网络呈现出多样化和均衡化的发展格局。总体来说，旅游客流量较2018年有所增加，旅游流向同2018年没有较大出入，仍然呈现出东强西弱、南强北弱的格局。

2020年突如其来的新冠肺炎疫情给旅游业带来了重大影响，1月24日—25日，全国除西藏以外的所有省级行政区陆续启动重大突发公共卫生事件一级响应。旅游、航空、酒店等行业都被按下了暂停键。卫健委数据显示，2月21日全国20个省份地区新增确诊为0，疫情防控效果显现，此后各地景区有序有控恢复开业，但多地对旅游景区游客承载量有限制，叠加北京等二次疫情反复，游客恢复相对缓慢。

7月14日，文旅部发布《关于推进旅游企业扩大复工复业有关事项的通知》对恢复跨省（区、市）团队旅游和调整旅游景区限量措施做了要求，跨省团队旅游恢复，景区限流50%。旅游业开始了全面复苏。自跨省游取消限制后，机票、酒店搜索量（携程、同程艺龙等平台）环比增长500%以上，各方预计今年十一黄金周将有望迎来旅游高峰。

7月全国铁路发送旅客2.07亿人次，环比增加3995万人次，增幅达24%。中国国家铁路集团数据显示，7月全国铁路日均开行旅客列车7092列，环比增长8.6%；日均发送旅客667万人次，较6月日均增加128.8万人次。

根据民航局数据，4月以来民航客运量快速回升，4—6月民航单月客运量分别为0.17、0.26和0.31亿人次，同比分别为-68.5%、-52.6%和-42.4%，降幅持续收窄。

2020年度继续沿用上一年度的划分标准，依据行政区域、物理距离以及客流量大小三个因素将旅游客流流动尺度划分为大尺度、中尺度和小尺度三个层次。本研究主要依托航空流量研究大尺度旅游客流和依托铁路流量来研究中尺度旅游客流，而小尺度旅游客流的时空模式相对稳定，较上一年基本没有变化，因此不予重复研究。为了报告的延续性，旅游流分析时间继续选择4月中下旬的星期五，搜集相关数据进行整理并对比在疫情影响下与2019年不同之处。

第四章 国内旅游客流空间流动特征
Chapter 4 Spatial Characteristics of China Domestic Tourist Flow

一、大尺度旅游客流分析

根据大尺度旅游流流动矩阵可以看出，我国当前大尺度旅游客流主要是珠三角经济区流向长三角经济区、云贵地区流向长三角经济区、长三角经济区流向珠三角经济区、环渤海经济区流向中部地区、长三角经济区流向珠三角经济区、成渝地区流向长三角经济区以及长三角经济区流向成渝地区，较2019年发生变化。由此可以总结出大尺度旅游客流主要表现在以下三个方面：东部三大经济区流向中部地区和西部旅游资源大省的西向旅游流、西部经济相对发达地区流向东部三大经济区的东向旅游流。从区域旅游发展模式来看，金三角双向旅游流具有很强的经济性，而且市场因素和自身资源的驱动性也较强，属于混合驱动型旅游流；西向旅游流具有资源导向及政策导向特征，属于资源驱动型和政策驱动型旅游流；东向旅游流具有一定的经济性，属于经济驱动型旅游流。

表4-1 大尺度旅游流流动矩阵

目的地 客源地	环渤海经济区	长三角经济区	珠三角经济区	中部地区	东北地区	成渝地区	云贵地区
环渤海经济区	4	56	70	21	9	78	45
	（-6）	（-122）	（-97）	（-45）	（-5）	（-44）	（-48）
长三角经济区	55	1	112	49	29	109	73
	（-125）	（-1）	（-176）	（-43）	（-16）	（-53）	（-39）
珠三角经济区	72	160	12	46	21	111	40
	（-97）	（-127）	（-4）	（-28）	（-12）	（-32）	（-28）
中部地区	22	48	45	3	11	44	31
	（-45）	（-44）	（-28）	（+3）	（-10）	（-16）	（-34）
东北地区	9	29	19	10	0	15	11
	（-7）	（-18）	（-14）	（-11）	0	（-11）	（-2）
成渝地区	75	109	108	44	16	0	33
	（-51）	（-50）	（-32）	（-17）	（-13）	0	（-13）
云贵地区	39	70	39	31	9	33	0
	（-50）	（-43）	（-30）	（-32）	（-6）	（-18）	（-1）

注：查询地址为 http://flight.elong.com。
航班时间为2020-4-24，星期五。
括号内是与2019年数据相比增加或减少的数量，+表示增加，-表示减少。

（一）以环渤海经济区为客源地的旅游流空间分布

当以环渤海经济区为客源地时（见表4-1），可以看出其最主要的旅游流。

首先是流向成渝地区和珠三角经济区，分别有78（是2019年同期的63.9%）和70（是2019年同期的41.9%）架次的航班从环渤海经济区内的客源地流向成渝地区和珠三角经济区内主要旅游目的地省市。其次是流向长三角经济区的旅游流，有56（是2019年同期的31.5%）架次的航班飞往该目的地省市。再次是云贵地区和中部地区，分别有45和21架次的航班飞往该目的地省市。然后是东北地区，有9架次的航班飞往该区域。受新冠疫情影响，与2019年年底数据相比，以环渤海经济区为客源地的旅游流空间分布有一定变化，以流向成渝地区、珠三角经济区和长三角经济区为主，流向所有区域的旅游流流量均呈不同程度下降趋势，其中旅游流降幅最大的是流向长三角经济区的旅游流，降幅为68.5%，其次是流向珠三角区域的旅游流，降幅为58.1%。

表4-2 大尺度旅游流流动矩阵详表

客源地	目的地	北京	天津	河北	山东	上海	江苏	浙江	广东	福建	湖北	湖南	河南	辽宁	四川	重庆	云南	贵州
环渤海经济区	北京	0	0	0	0	16	3	10	24	5	0	6	1	4	22	12	12	4
	天津	0	0	0	2	9	1	4	14	3	4	3	0	0	8	6	6	5
	河北	0	0	0	0	5	2	4	5	3	0	1	0	1	6	8	4	3
	山东	0	2	0	0	2	0	0	13	3	1	5	0	4	8	8	7	4
长三角经济区	上海	17	9	6	2	0	1	0	68	4	6	16	8	15	28	22	18	10
	江苏	3	0	2	0	0	0	0	35	5	0	7	1	9	11	13	14	9
	浙江	9	3	4	0	0	0	0	46	0	2	2	7	5	18	17	10	12
珠三角经济区	广东	24	15	5	14	69	36	46	0	6	14	2	22	15	53	44	22	9
	福建	5	3	3	3	4	5	0	6	0	2	3	3	6	7	7	4	5

续表

客源地		北京	天津	河北	山东	上海	江苏	浙江	广东	福建	湖北	湖南	河南	辽宁	四川	重庆	云南	贵州
中部地区	湖北	0	4	0	1	6	0	2	13	2	0	0	0	1	6	5	4	1
	湖南	6	4	1	5	15	7	2	2	3	0	0	2	5	10	10	7	2
	河南	1	0	0	0	8	1	7	22	3	0	1	0	5	6	7	10	7
东北地区	辽宁	4	0	1	4	15	9	5	14	5	1	4	5	0	9	6	7	4
成渝地区	四川	22	8	6	8	29	11	18	51	7	6	10	6	9	0		17	4
	重庆	12	6	6	7	22	12	17	43	7	5	10	7	7	0	0	11	1
云贵地区	云南	10	5	4	6	18	13	10	22	4	4	7	10	6	17	11	0	0
	贵州	4	3	3	4	9	8	12	8	5	1	2	7	3	4	1	0	0

注：除广东省所查航班为广州市和深圳市外，其余所查航班的出发地或目的地均为该省（区、市）的省会城市。

查询地址为 http://flight.elong.com；航班时间为 2020-4-24，星期五。

从环渤海经济区主要客源省市细化分析来看（见表 4-2），在环渤海经济圈中，北京市、天津市、河北省和山东省两省两市经济发展相对较好，选取其作为重要的客源地，辽宁省纳入东北地区统计范围。首先是以北京为客源地时，可以看出北京流向广东和四川的旅游流流量相对最大，分别有 24 架次、22 架次的航班从北京飞往广东省和四川省；其次是流向上海的旅游流，有 16 架次的航班；再次是流向重庆和云南的旅游流，均有 12 架次的航班；而仅从航班架次来判断，北京飞往河南和山东的客流量最少（飞往湖北的航班数量受疫情影响很大，故不作比较），然而由于距离较近，所以该数字不能说明北京流向两地的客流量较少，只能说明北京通过航空流向河南和山东的旅游流相对最少。与 2019

年年底数据相比,以北京作为客源地的旅游流流向发生变化,北京流向广东和四川的流量最大。

当以天津作为客源地时,天津流向广东的旅游流流量也是相对最多,每天有14架次的航班从天津飞往广东;其次是上海,每天有9架次的航班,而仅从航班架次来看,由于天津距离北京较近,天津没有流向北京的航班,因此不能用航班说明问题。但与2019年年底数据相比,以天津作为客源地的旅游流流向基本不变,天津流向广东和上海的流量仍然是最大,飞往四川的航班升为第三位,飞往其他大部分省市的航班均呈下降态势。

当以河北作为客源地时,河北流向四川、重庆的旅游流流量相对最多,分别有6架次和8架次的航班从河北飞往四川和重庆。仅从航班架次来看,河北流向除四川、重庆、上海、广东四地外,其他地区的航班架次相对很少,表明河北省居民大尺度出游力较小。与2019年年底数据相比,以河北作为客源地的旅游流流向发生较为明显的变化,以流向四川、重庆为第一大旅游流,客流量均有所降低。

当以山东作为客源地时,山东流向广东的旅游流流量最多,有13架次的航班从山东流向广东,其次为流向四川、重庆的客流量,均有8架次航班从山东流向两地;然后是流向云南、湖南的航线,分别有7架次和5架次的航班,较上年同期降幅较大。与2019年年底数据相比,以山东作为客源地的旅游流流向均有所减少,但仍以西南地区旅游目的地为主。

(二)以长三角经济区为客源地的旅游流空间分布

当以长三角经济区为客源地时(见表4-1),可以看出流向珠三角经济区的旅游流流量相对最大,有112架次(是2019年同期的38.9%)的航班从长三角经济区的主要客源地省市飞往珠三角经济区的主要目的地省市。长三角经济区的第二大旅游流是流向成渝地区主要目的地省市,有109架次(是2019年同期的67.2%)的航班飞往该区域的主要目的地。再次是流向云贵地区重要旅游目的地省市,有73架次(是2019年的65.1%)的航班。而长三角经济区流向东北地区的旅游流相对最小,仅有29架次的航班从长三角流向该区域主要目的地。与2019年年底数据相比,以长三角经济区为客源地的旅游流向变化不显著,珠三角仍然是长三角经济区的主要旅游目的地,成渝地区紧随其后,同时较去年珠三角经济区和成渝地区的旅游客流量来说降幅较大,分别减少了176架次和53架次航班;相对而言,云贵地区和东北地区的旅游客流量变化较少,分别减少了39架次和16架次的航班。从旅游客流量降幅来说降幅最大的是流向环渤海地区的旅游流，降幅为69.4%，其次是流向珠三角地区的旅游流，降幅为61.1%，再次是流向中部地区的旅游流，降幅为46.7%。总体来看，以长三角经济区为客源地的旅游流总体均有所减少，但变化程度差异较大。

从长三角经济区主要客源省市细化分析来看（见表4-2），长三角经济区的主要客源地省市包括上海市、江苏省和浙江省。当以上海作为客源地时，上海流向广东的旅游流流量相对最大，有68架次航班从上海飞往广东；其次是四川，有28架次的航班从上海飞往四川；再次是重庆，有22架次的航班从上海飞往重庆。而仅从航班架次来看，上海流向山东和福建的旅游流流量相对最小，分别只有2架次和4架次的航班。与2019年年底数据相比，以上海作为客源地的旅游流流量减少，广东、四川成为主要旅游流，其余省市旅游流流量也有所减少，从总体上看，以上海为客源地的旅游流增长潜力较大。

当以江苏省作为客源地时，江苏流向广东的旅游流流量相对最大，有35架次的航班从江苏流向广东；其次是流向云南，有14架次的航班；再次是流向重庆，有13架次的航班。从航班架次来看，江苏没有流向天津、浙江、湖北和山东的航线，江苏流向河南、河北的旅游流流量相对较小，每天只有1~2架次航班流向两省。与2019年年底数据相比，以江苏作为客源地的旅游流流向变化不大，仍以广东为第一大旅游流，而云南取代北京跃居第二大旅游流，去往所有省市的航班均有所减少或基本不变。

当以浙江省作为客源地时，浙江流向广东的旅游流流量相对最大，有46架次的航班从浙江飞往广东；其次是流向四川，有18架次的航班；再次是流向重庆、贵州，分别有17架次、12架次，云南和北京两地航班紧随其后，分别有10架次、9架次的航班。仅从航班架次来看，浙江没有流向江苏和福建的旅游流航班，由于浙江距离这两个省市较近，不能完全用航班来说明问题；亦没有航班从浙江飞往山东、上海。与2019年年底数据相比，以浙江作为客源地的旅游流流向有所降低，浙江流向广东、四川的旅游流为前两大旅游流，旅游流流量总体上有所减少，其中，浙江流向北京的降幅最大，流向周边省市的流量有一定减少。

（三）以珠三角经济区为客源地的旅游流空间分布

当以珠三角经济区作为主要客源地时（见表4-1），可以看出从该客源区域流向长三角经济区的旅游流相对最大，有160架次（是2019年同期的55.7%）

的航班从珠三角经济区的主要客源地省市飞往长三角经济区的主要目的地省市。珠三角经济区的第二大旅游流是流向成渝地区的，有111架次（是2019年同期的77.6%），再次流向环渤海经济区的，有72架次（是2019年同期的42.6%）的航班飞往该区域的主要目的地。而珠三角经济区流向中部地区和东北地区旅游流相对最小，分别仅有46架次（是2019年同期的62.1%）和21架次的航班从珠三角经济区流向该区域主要目的地。与2019年年底数据相比，以珠三角经济区为客源地的旅游流向变化较明显，长三角、成渝地区、环渤海经济区仍然是珠三角经济区的主要旅游目的地，而长三角经济区的旅游客流量减少幅度较大，相对减少了127次航班；其次，东北地区和中部地区的旅游客流量变化较少，分别减少了12架次和22架次的航班。总体来看，以珠三角经济区为客源地的旅游流总体均有所降低，幅度较大，其中降幅前三的旅游流分别为流向环渤海区域的、流向长三角区域的、流向中部地区的，降幅分别为57.4%、44.3%、37.9%。

从珠三角经济区主要客源省市细化分析来看（见表4-2），珠三角经济区客源省市主要包括广东省和福建省，其中广东省经济发达，无疑是珠三角经济区内部最大的一个客源地，福建省则可作为重要的客源地。当以广东省作为客源地时，广东流向上海的旅游流流量相对最大，有69架次的航班从广东飞往上海；其次是流向四川和浙江的旅游流，分别有53架次、46架次航班从广东飞往四川和浙江；再次是流向重庆的旅游流，有44架次航班。从广东飞往福建、河北、湖南的旅游流流量相对最小，分别有6架次、5架次、2架次航班从广东飞往福建、河北和湖南；其次是流向贵州的旅游流流量，有9架次航班从广东飞往贵州。与2019年年底数据相比，以广东作为客源地的旅游流流向以广东流向上海、四川这两大旅游流为主，旅游流流量总体上呈现较大的降幅，飞往所有地区的航班架次均显著降低。

当以福建省作为客源地时，福建流向四川、重庆两地的旅游流流量相对最大，从福建飞往四川、重庆的航班架次均为7架，其次是辽宁、广东，均有6架次航班从福建飞往辽宁、广东，然后是北京、江苏、贵州三省，有5架次航班从福建飞往这三省。而仅从航班架次来看，福建流向浙江的旅游流流量相对较小，没有航班从福建飞往浙江。与2019年年底数据相比，以福建作为客源地时旅游流流量总体上变化较大，航班架次减少了近40%。

（四）以中部地区为客源地的旅游流空间分布

当以中部地区为客源地时（见表4-1），可以看出从该客源区域流向长三角经济区的旅游流相对最大，有 48 架次（是 2019 年同期的 52.2%）的航班从中部地区的主要客源地省市飞往长三角经济区的主要目的地省市。中部地区的第二大旅游流流向是珠三角经济区，其中有 45 架次（是 2019 年同期的 61.6%）的航班飞往该区域的主要目的地省市。再次是成渝地区和云贵地区的重要旅游目的地省市，分别有 44 架次（是 2019 年同期的 73.3%）和 31 架次（是 2019 年同期的 47.7%）的航班。而中部地区流向东北地区的旅游流在主要目的地中相对最小，仅有 11 架次的航班从中部地区飞往该区域主要目的地。与 2019 年年底数据相比，以中部地区为客源地的旅游流流向各个地区的，均有所降低。其中，环渤海经济区、云贵地区和长三角的旅游流流量降幅较大，分别为 67.1%、52.3%、47.8%。

从中部地区主要客源省市旅游流细化分析来看（见表 4-2），其主要客源地省市包括湖北、湖南和河南。当以湖北作为客源地时，湖北流向广东的旅游流流量相对最大，有 13 架次的航班从湖北飞往广东；其次是流向上海和四川的旅游流流量相对较大，均有 6 架次的航班从湖北飞往上海和四川；再次是流向重庆的旅游流，为 5 架次，从湖北飞往云南的航班为 4 架次。而仅从航班架次来看，湖北流向湖北、江苏、河南、湖南的旅游流流量相对较小，数据均为零，由于湖北距离四省比较近，不能完全用航班说明问题；其次是流向河北、北京的旅游流流量也较小。与 2019 年年底数据相比，以湖北省为客源地时旅游流流向有所变化，降幅明显，流向各省市的客流量均有所降低。

当以湖南省作为客源地时，湖南流向上海的航班相对最多，有 15 架次的航班从湖南飞往上海；其次是流向四川和重庆，均有 10 架次的航班飞往两地；再次是流向江苏和云南，均有 7 架次的航班从湖南飞往两省。而仅从航班架次来看，湖南流向湖北、河南的旅游流流量最小，飞往湖北 0 架次、河南 2 架次，由于湖南距离湖北、河南比较近，不能完全用航班说明问题。与 2019 年年底数据相比，以湖南省为客源地时旅游流流向发生较大变化，上海、四川和重庆是湖南前三大旅游流，江苏、云南两省紧随其后，并列排名第四。

当以河南省作为客源地时，河南流向广东的旅游流流量相对最大，有 22 架次的航班从河南飞往广东；其次是云南和上海，分别有 10 架次和 8 架次的航班从河南飞往两地；再次是重庆、贵州、浙江三地，均有 7 架次的航班从河南飞往这三地。而仅从航班架次来看，每天没有航班从河南飞往湖北，由于河南距离湖北较近，不能完全用航班说明问题，此外也没有飞往河北、山东和天津的航班。河南流向北京、江苏和湖南的旅游流流量相对较小，均有 1 架次的航班。

与2019年底数据相比，以河南省作为客源地时旅游流流向变化不明显，总体上广东仍然是最大旅游流，流向云南的旅游流降幅最大，流向其他地区的旅游流则不同程度降低。

（五）以东北地区为客源地的旅游流空间分布

当以东北地区为客源地时（见表4-1），可以看出从该客源区域流向长三角经济区的旅游流相对最大，有29架次（是2019年同期的61.7%）的航班从该区域飞往长三角经济区的主要目的地省市。其次是流向珠三角经济区的旅游流，有19架次（是2019年同期的57.5%）的航班飞往该区域的主要目的地省市。再次是成渝地区的重要旅游目的地省市，有15架次（是2019年同期的65.2%）的航班。而东北地区流向环渤海经济区和中部地区的旅游流在主要目的地中相对最小，分别有9和10架次的航班从东北地区流向该区域主要目的地。与2019年年底数据相比，以东北地区为客源地的旅游流流向无明显变化，珠三角、长三角仍是两大旅游流，所有地区均有较大幅度的下降，其中流向珠三角和长三角经济区的旅游流降幅最大，降幅分别为42.4%和38.2%。

从东北地区主要客源省市的旅游流细化分析来看（见表4-2），东北地区包括东北三省——黑龙江、辽宁、吉林，目前最具潜力的客源地仅有辽宁省。对于其旅游流空间分布来说，客流量相对最大的地区是上海，有15架次航班从辽宁省飞往上海市；其次是广东，有14架次的航班从辽宁飞往广东；再次是四川和江苏，均有9架次的航班从辽宁飞往这两省。而仅从航班架次来看，辽宁流向河北和湖北的旅游流相对最小，仅有1架次，没有航班飞往天津。与2019年年底数据相比，以辽宁为客源地时旅游流流向变化不大，主要流向为上海、广东，其中山东增长4架次航班，其余省份、直辖市航班架次均降低或不变。

（六）以成渝地区为客源地的旅游流空间分布

以成渝地区为客源地的旅游流空间分布（见表4-1），可以看出从该客源区域流向长三角和珠三角经济区的旅游流相对最大，分别有109架次（是2019年同期的68.5%）和108架次（是2019年同期的77.1%）的航班从成渝地区的主要客源省市飞往两个经济区的主要目的地省市。成渝地区的第三大旅游流流向是环渤海经济区，有75架次（是2019年同期的59.5%）的航班飞往该区域的主要目的地省市。再次是云贵地区和中部地区的重要旅游目的地省市，分别有33架次（是2019年同期的71.7%）和44架次（是2019年同期的72.1%）的航班。而成渝地区流向东北地区的旅游流在主要目的地中相对最小，仅有16架次（是2019年同期的55.1%）的航班从成渝地区流向该区域主要目的地。与2019年数据相比，以成渝地区为客源地的旅游流流向总体上流量减少，其中以成渝地区流向东部三大经济区和东北地区的旅游流降幅最大。

从成渝地区主要客源省市旅游流细化分析来看（见表4-2），四川和重庆均是我国主要客源地。当以四川作为客源地时，四川流向广东的旅游流流量相对最大，有51架次的航班从四川飞往广东；其次是流向上海，有29架次的航班从四川飞往上海；再次是北京，有22架次的航班。而仅从航班架次来看，四川流向贵州的旅游流流量相对最小，仅有4架次的航班从四川飞往贵州；其次是河北、湖北、河南三地，均仅有6架次的航班飞往这三省份。与2019年年底数据相比，以四川为客源地时旅游流流向均有所减少，总体减少近30%；旅游流流向仍以流向北京、广东和上海为主要旅游流，且流向三地的流量降幅最大。

当以重庆为客源地时，重庆流向广东的旅游流流量相对最大，有43架次的航班从重庆飞往广东；其次是流向上海，有22架次的航班从重庆飞往上海；再次是流向浙江，有17架次的航班飞往浙江。而仅从航班架次来看，重庆流向四川的旅游流流量相对最小，每天没有航班，由于重庆距离四川较近，不能完全用航班说明问题；其次是流向贵州旅游流流量相对较小，仅有1架次的航班从重庆飞往贵州。与2019年年底数据相比，以重庆作为客源地时旅游流流向变化较大，总体减少近40%，广东、上海仍位居旅游流排名前列，浙江升为第三位。从减少的幅度来看，上海、山东和北京是减少幅度较大的省市，除河北的旅游流有略微增长外，其他各省市都有所降低。

（七）以云贵地区为客源地的旅游流空间分布

当以云贵地区为客源地时（见表4-1），可以看出从该客源区域流向长三角经济区的旅游流相对最大，有70架次（是2019年同期的61.9%）的航班从云贵地区的主要客源地省市飞往长三角经济区的主要目的地省市。云贵地区的第二大旅游流流向是环渤海经济区和珠三角经济区，均有39架次（环渤海经济区是2019年同期的43.8%，珠三角经济区是2019年同期的56.5%）的航班飞往两区域的主要目的地省市。再次是成渝地区的重要旅游目的地省市，有33架次（是2019年同期的64.7%）的航班。最后是中部地区，有31架次（是2019年同期的49.2%）的航班。而云贵地区流向东北地区的旅游流在主要目的地中相对最小，仅有9架次的航班从云贵地区飞往该区域主要目的地。

与2019年同期数据相比，以云贵地区为客源地的旅游流流向总体上流量减少，其中以成渝地区流向环渤海经济区、中部地区、珠三角经济区降幅最大，降幅分别为56.2%、50.8%、43.4%。

从云贵地区主要客源省市旅游流细化分析来看（见表4-2），云南和贵州均是我国重要客源地。当以云南作为客源地时，云南流向广东的旅游流流量相对最大，有22架次的航班从云南飞往广东；其次是流向上海，有18架次的航班；再次是流向江苏，有13架次的航班从云南飞往江苏。而仅从航班架次来看，云南流向贵州的旅游流流量相对最小，没有航班从云南飞往贵州；其次是河北、福建、湖北，各仅有4架次的航班飞往这三地。

当以贵州作为客源地时，贵州流向浙江的旅游流流量相对最大，每天有12架次的航班从贵州飞往浙江；其次是流向上海，每天有9架次的航班；再次是流向江苏和广东的旅游流，均有8架次的航班。而仅从航班架次来看，贵州流向云南的旅游流流量相对最小，从贵州飞往云南的航班架次为零；其次是重庆和湖北，仅有1架次的航班从贵州飞往两地。

二、中尺度旅游客流分析

中尺度旅游客流分析主要是指区域内部、周边省份以及省级内部各城市的旅游流，一般物理距离均在100~500公里。在此主要选择内部流动较大的环渤海经济区、长三角经济区以及珠三角经济区等几个区域进行分析。

（一）环渤海经济区内部旅游流

从环渤海经济区内部来看，北京作为我国经济、政治和文化中心，无疑是环渤海内部最大的一个客源地，也是最主要的目的地。天津作为我国重要的直辖市，也是我国重要的客源地和目的地。在河北省内，北戴河改造完工的火车站于2011年开始投入运营，考虑到北戴河是环渤海地区的主要旅游目的地，所以将其也纳入统计范围。对于山东来说，由于其经济在全国发展水平较高，其各个地级市均可作为重要的客源地。而对于目的地来说，选择山东旅游业发展较好的地级市作为目的地，具体选择了济南、威海、烟台、潍坊和济宁。

第四章　国内旅游客流空间流动特征
Chapter 4　Spatial Characteristics of China Domestic Tourist Flow

表 4-3　环渤海经济区内部旅游流分析

		北京	天津	河北					山东					
				石家庄	承德	北戴河	秦皇岛	保定	济南	青岛	威海	烟台	潍坊	济宁
北京		—	199	156	6	22	34	96	102	15	3	5	20	1
天津		200	—	50	0	20	70	34	85	15	2	4	21	0
河北	石家庄	150	51						31	10	7	10	21	0
	唐山	45	102						29	7	1	2	10	0
	北戴河	18	23						10	1	1	1	3	0
	秦皇岛	35	68						17	3	0	0	3	0
	邯郸	51	27						5	2	1	2	4	0
	邢台	43	22			—			6	3	1	1	4	0
	保定	89	35						1	0	0	0	0	0
	张家口	42	2						1	1	0	0	1	0
	承德	6	0						0	0	0	0	0	0
	沧州	58	58						66	13	2	4	17	0
	廊坊	34	21						18	2	0	2	3	0
	衡水	19	20						30	10	7	10	21	1
山东	济南	106	85	31	0	8	21	1						
	青岛	15	16	10	0	3	6	0						
	威海	4	4	7	0	0	1	0						
	烟台	6	6	10	0	0	1	0						
	日照	3	4	1	0	1	1	0						
	淄博	20	23	21	0	4	7	0			—			
	枣庄	19	16	2	0	1	3	0						
	东营	1	1	0	0	0	0	0						
	潍坊	22	25	21	0	4	8	0						
	济宁	1	0	1	0	0	0	0						
	泰安	26	29	5	0	3	9	1						

续表

		北京	天津	河北					山东					
				石家庄	承德	北戴河	秦皇岛	保定	济南	青岛	威海	烟台	潍坊	济宁
山东	滨州	1	1	0	0	0	0	0	—					
	德州	55	74	35	0	10	19	0						
	聊城	13	13	8	0	0	6	1						
	临沂	3	4	0	0	1	1	0						
	菏泽	12	15	4	0	0	7	0						
	莱芜	0	0	0	0	0	0	0						

注：查询地址为 https://www.12306.cn/index/。
列车时间为2020-04-24，星期五。

当以北京为客源地时，整体上可以看出北京流向天津和石家庄的旅游流流量最大，每天分别有199次和156次列车从北京发往天津和石家庄，这一方面反映京津冀的经济关联性，另一方面表明了天津和石家庄是北京在环渤海经济区最主要的目的地；我们将秦皇岛、北戴河作为旅游流考察目的地，从北京到两地便利的交通在某种程度上促进了两地旅游人数的增加；对于北京流向山东的旅游流来说，其中流量相对最大的城市为济南，每天有102次列车从北京发往济南。与2019年年底数据相比，以北京作为客源地时旅游流流向基本不变，旅游流流量总体上略微下降，开往天津、河北的列车分别减少3列次、4列次，而山东方向旅游流流量增加2列次。

当以天津作为客源地时，可以看出天津流向北京的旅游流流量最大，每天有200次列车从天津发往北京，北京是天津在环渤海经济区最主要的目的地，也就是说，在环渤海经济区，北京和天津的相互关联性较大；对于天津流向河北的旅游流来说，其中流量相对最大的城市为秦皇岛，由2015年的56列次上升到了2020年的70列次，而天津流向北戴河的旅游流流量为20列次，较2019年减少4列次，这表明天津前往秦皇岛的旅游流大于到北戴河的旅游流；对于天津流向山东的旅游流来说，其中流量相对最大的城市为济南，每天有85次列车从天津发往济南，较2019年增加8列次。与2019年年底数据相比，以天津作为客源地时旅游流流向无明显变化，但旅游流流量总体上有所增长。从增长的幅度来看，流向山东的旅游流流量增幅最大，增长了 8 列次；流向北京、河北的旅游流量则相对减少 3 列次、9 列次。总之，在环渤海内部，北京仍为天津旅游流流量最大客源地，而流向河北的旅游流流量高于流向山东的旅游流流量。

当以河北作为客源地时，可以看出河北流向北京的旅游流流量相对最大，每天有 150 次列车从河北省会石家庄发往北京；河北流向天津的旅游流流量次之，每天有 102 次列车从河北唐山发往天津，这反映了京津冀一体化战略的继续深化与良好发展；对于河北流向山东的旅游流来说，每天有 66 次列车从河北沧州发往山东济南。与 2019 年年底数据相比，在环渤海经济区内部，北京仍为河北旅游流流量最大客源地，流向天津的旅游流流量高于流向山东的旅游流流量。

当以山东作为客源地时，可以看出山东流向北京旅游流流量相对最大，每天分别有 106 次和 55 次列车从山东济南、德州发往北京；山东流向天津的旅游流流量次之，每天分别有 85 次和 74 次列车从山东济南、德州发往天津；对于山东流向河北的旅游流来说，其中流量相对较大的城市是石家庄、北戴河和秦皇岛地区，共有 60 次列车从济南开往这三个地区。与 2019 年年底数据相比，在环渤海内部，以山东作为客源地时旅游流流向变化不大，北京仍是山东旅游流流量最大客源地，天津为山东第二大旅游流流向，旅游流流量在这一年内有所上升，增幅较为明显，流向河北的旅游流流量相对最小，较上一年呈继续增长趋势，这表明山东旅游客源市场的活力还有进一步增长的潜力。

从环渤海经济区内部旅游流总体来看（见表 4-4），当以北京为客源地时，北京流向河北的旅游流流量相对最大，其次是流向天津的旅游流流量，最后是流向山东的旅游流流量。当以天津为客源地时，天津流向北京的旅游流流量相对最大，其次是流向河北的旅游流流量，最后是流向山东的旅游流流量。当以河北为客源地时，河北流向北京的旅游流流量相对最大，其次是流向天津的旅游流，最后是流向山东的旅游流流量。当以山东为客源地时，山东流向天津的旅游流相对最大，其次是流向北京的旅游流流量，天津取代北京成为山东游客旅游的首要目的地，但两者流量相差不大，最后是流向河北的旅游流流量。

总体来看，在环渤海经济区内部，每天河北发往北京的列车流量最多，说明河北流向北京的旅游流是环渤海内部最主要旅游流，而天津流向山东的旅游流流流量在环渤海内部是最小的。与 2019 年年底数据相比，环渤海经济区内部旅游流向没有明显变化，仍以河北流向北京为第一大旅游流，河北流向天津保持第二大旅游流地位，河北流向山东保持第三位。流量方面，环渤海经济区的旅游流流量中北京流向天津、河北的流量，天津流向北京、河北的流量以及河北流向天津的流量有不同程度的小幅度下降，其余均有不同程度增长，其中河北流向山东的流量增长最多，增加了 22 车次的流量，河北流向北京的次之，增加了 21 车次。

表 4-4　环渤海经济区内部旅游流总体分析

客源地＼目的地	北京	天津	河北	山东
北京	—	199（-3）	314（-4）	146（+2）
天津	200（-3）	—	174（-9）	127（+8）
河北	590（+21）	429（-9）	—	406（+22）
山东	307（+2）	316（+15）	284（+9）	—

（二）长三角经济区内部旅游流

从长三角经济区内部来看（表 4-5），上海作为我国经济中心和国际化大都市，无疑是长三角内部最大的一个客源地，也是最主要的目的地。江苏作为东部沿海省份，经济较为发达，其各个地级市均可作为重要的客源地，而就目的地来说，选择江苏著名的旅游城市作为目的地，具体选择了南京、苏州和扬州。对于同样是东部沿海城市的浙江来说，经济也较为发达，各个地级市均可作为重要的客源地，而对于目的地来说，选择浙江著名的旅游城市作为目的地，包括杭州、宁波和绍兴。

表 4-5　长三角经济区内部旅游流分析

客源地＼目的地		上海	江苏			浙江		
			南京	苏州	扬州	杭州	宁波	绍兴
上海		—	298	260	0	195	56	41
江苏	南京	290	—			147	47	38
	苏州	260				48	17	14
	扬州	0				0	0	0
	常州	216				42	16	13

续表

客源地	目的地	上海	江苏			浙江		
			南京	苏州	扬州	杭州	宁波	绍兴
江苏	连云港	3	—			2	0	0
	无锡	235				44	15	13
	泰州	0				0	0	0
	徐州	102				56	17	15
	镇江	150				26	9	8
浙江	杭州	191	146	47	0			
	宁波	50	48	16	0			
	温州	47	48	13	0			
	绍兴	43	39	14	0			
	嘉兴	139	34	36	0			
	金华	95	43	14	0			
	衢州	51	18	8	0			
	台州	23	21	6	0			
	丽水	16	21	3	0			

注：查询地址为 https：//www.12306.cn/index/。
列车时间为 2020-04-24，星期五。

当以上海为客源地时，可以看出上海流向江苏的旅游流流量最大，每天有 298 次列车从上海发往江苏省会南京，260 次列车从上海发往江苏苏州。对于上海流向浙江的旅游流来说，其中客流量相对最大的城市是杭州，每天有 195 次列车从上海发往浙江省会杭州。与 2019 年年底数据相比，在长三角经济区内部，以上海作为客源地时旅游流流向无明显变化，流向江苏的旅游流流量仍然大于流向浙江的旅游流流量，但两省差距进一步加大，即上海流向江苏南京和苏州的旅游流流量分别增加 8 次和 9 次列车，流向浙江的旅游流也有所增加，增幅不及江苏，其中流向杭州和宁波的旅游流分别上升 11 列次和 2 列次。

当以江苏作为客源地时，可以看出江苏流向上海的旅游流流量最大，每天有 290 次列车从江苏省会南京发往上海，有 260 次列车从苏州发往上海。对于江苏流向浙江的旅游流来说，其中流量相对最大的城市是杭州，每天有147次列车从江苏省会南京发往浙江省会杭州，与2019年年底数据相比，在长三角经济区内部，以江苏作为客源地时旅游流流向没有变化，流向上海的旅游流流量仍然最大，且增幅较大，为40次，其次是流向浙江，增幅为25次。

当以浙江作为客源地时，可以看出浙江流向上海的客流量最大，每天有191次列车从浙江省会杭州发往上海。对于浙江流向江苏的旅游流来说，其中客流量相对最大的城市是南京，每天有146次列车从浙江杭州发往江苏南京。与2019年年底数据相比，在长三角经济区内部，以浙江作为客源地时旅游流流向基本没有变化，流向上海的流量仍位居第一位，其次是流向江苏的旅游流流量。

表4-6 长三角经济区内部旅游流总体分析

	上海	江苏	浙江
上海	—	558（+17）	292（+11）
江苏	1256（+40）	—	587（+25）
浙江	655（+20）	575（+7）	—

从长三角经济区内部旅游流总体来看（见表4-6），当以上海为客源地时，上海流向江苏的旅游流流量相对最大，其次是流向浙江的旅游流流量。当以江苏为客源地时，江苏流向上海的旅游流流量相对最大，其次是流向浙江的旅游流流量。当以浙江为客源地时，浙江流向上海的旅游流流量相对最大，其次是流向江苏的旅游流流量。

总体来看，在长三角经济区内部，每天江苏流向上海的旅游流流量相对最大，是长三角经济区内部最主要的旅游流，而上海流向浙江的旅游流流量在长三角内部最小。与2019年年底数据相比，长三角经济区内部旅游流流向没有变化，仍以江苏流向上海为第一大旅游流，浙江流向上海为第二大旅游流，江苏流向浙江方向的旅游流上升为第三大旅游流；流向结构上，江苏流向上海的客流量上升幅度最大。

（三）泛珠三角经济区内部旅游流

从泛珠三角经济区内部来看，广东经济发达，无疑是泛珠三角经济区内部最大的一个客源地，也是最主要的目的地。福建各地级市均可作为重要的客源地，而对于目的地来说，选取旅游业发展较好的地级市，具体选择福州和厦门。

广西各地级市也可作为重要的客源地，而对于目的地来说，选取旅游业发展较好的地级市，具体选择南宁和桂林。

当以广东作为客源地时，可以看出广东流向广西的旅游流流量相对最大，其中流量最大的是每天有 63 次列车从广东省广州市发往广西壮族自治区旅游城市桂林市；对于广东流向福建的旅游流来说，客流量相对最大的城市是厦门，每天分别有 56 次和 43 次列车从广东深圳和惠州发往厦门。与 2019 年年底数据相比，在泛珠三角经济区内部，以广东作为客源地时旅游流流向和旅游流流量变化较明显，一方面，广东省各城市流向福建的旅游流流量均有不同幅度增长；另一方面，广东肇庆流向广西桂林的旅游流流量大幅度增加，增加了 12 次列车。

表 4-7 泛珠三角经济区内部旅游流分析

客源地	目的地	广东			福建		广西	
		广州	深圳	珠海	福州	厦门	南宁	桂林
广东	广州				1	6	59	63
	深圳				30	56	4	8
	韶关				0	0	0	1
	佛山				0	1	40	28
	江门				0	0	0	0
	湛江				0	0	2	3
	茂名				0	1	3	0
	肇庆				0	1	47	37
	惠州				21	43	1	0
	梅州				0	4	1	0
	河源				0	2	1	0
	东莞				0	3	1	0
福建	福州	1	30	0			1	1
	厦门	4	53	0			1	0
	漳州	2	40	0			1	0
	龙岩	2	6	0			1	0

续表

客源地 \ 目的地		广东			福建		广西	
		广州	深圳	珠海	福州	厦门	南宁	桂林
福建	三明	0	5	0			0	0
	南平	0	4	0			1	1
广西	南宁	59	5	2	1	1		
	柳州	19	5	0	1	0		
	桂林	62	8	2	1	0		
	贵港	40	5	2	0	1		
	玉林	7	4	0	0	1		
	百色	20	1	1	0	1		
	来宾	9	2	0	1	0		
	崇左	0	0	0	0	0		

注：查询地址为https：//www.12306.cn/index/。
列车时间为2020-04-24，星期五。

当以福建作为客源地时，可以看出福建流向广东的旅游流流量相对最大，其中最大的流量是厦门开往深圳的流量，每天有53次；对于福建流向广西的旅游流来说，旅游流流量大小不变。与2019年年底数据相比，在泛珠三角经济区内部，以福建作为客源地时旅游流流向和旅游流流量变化不太明显，流向广东的流量有小幅度增长。

当以广西作为客源地时，可以看出广西流向广东的旅游流流量相对最大，每天有62次列车从广西壮族自治区旅游城市桂林发往广东省会广州；对于广西流向福建的旅游流来说，客流量没有增长。与2019年年底数据相比，在泛珠三角经济区内部，以广西作为客源地时旅游流流向和旅游流流量变化不明显，流向广东的流量增幅较小，南宁流向广州的旅游流增加2车次，贵港的旅游流则减少2车次，柳州、百色则均增加1车次。桂林成为广西流向广东的第一大流向，是区域内主要流向，而流向福建的流量大小不变。

表 4-8　泛珠三角经济区内部旅游流总体分析

	广东	福建	广西
广东	—	169（+19）	299（+45）
福建	147（+19）	—	7（+0）
广西	253（+15）	8（+0）	—

从泛珠三角经济区内部旅游流总体来看（见表 4-8），当以广东为客源地时，广东流向广西的旅游流流量相对较大，其次是流向福建的旅游流流量。当以福建为客源地时，福建流向广东的旅游流流量相对较大，其次是流向广西的旅游流流量。当以广西为客源地时，广西流向广东的旅游流流量相对较大，其次是流向福建的旅游流流量。

总体来看，广东流向广西的旅游流流量相对最大，是泛珠三角经济区内部的最主要旅游流，广西流向广东的旅游流保持第二位，广东流向福建的旅游流位列第三，而广西流向福建和福建流向广西的旅游流流量在珠三角经济区内最小。与 2019 年年底数据相比，广东流向广西的旅游流增长较为明显，增加 45 车次，其余旅游流都有较小程度的增长或基本不变。

（四）中部六省之间的旅游流

中部六省包括河南、湖北、湖南、安徽、山西和江西。其中经济相对较发达的是湖北、湖南和河南，其他三省相对比较落后，所以选取湖北、湖南和河南 3 个省份的各地级市作为重要的客源地。而对于目的地来说，湖北、湖南、河南和安徽的旅游业发展相对较好，所以选取这 4 个省份的旅游业发展相对较好的地级市作为目的地，湖北省具体选择武汉、宜昌和十堰，湖南省具体选择长沙、张家界和衡阳，河南省具体选择郑州、开封、洛阳，安徽省具体选择合肥、黄山和池州。

当以湖北为客源地时，可以看出湖北流向湖南的旅游流流量相对最大，其中客流量相对最大的城市是长沙，每天有 151 次列车从湖北省会武汉发往湖南省会长沙；对于湖北流向河南的旅游流来说，其中客流量相对最大的城市是郑州，每天有 125 次列车从湖北省会武汉发往河南省会郑州；对于湖北流向安徽的旅游流来说，其中客流量相对最大的城市是合肥，每天有 59 次列车从湖北省会武汉发往安徽省会合肥。与 2019 年年底数据相比，在中部六省之间，以湖北作为客源地时旅游流流向均有小幅度增长，其中以湖北流向安徽的旅游流流量增幅最大。

当以湖南作为客源地时，可以看出湖南流向湖北的旅游流流量相对最大，其中客流量相对最大的城市是武汉，每天会有151次列车从湖南省会长沙发往湖北省会武汉；对于湖南流向河南的旅游流来说，其中客流量相对最大的城市是郑州，每天有83次列车从湖南省会长沙发往河南省会郑州；对于湖南流向安徽的旅游流来说，其中客流量相对最大的城市是合肥，每天有13次列车从湖南长沙发往合肥。与2019年年底数据相比，在中部六省之间，以湖南作为客源地时旅游流流向基本没有变化，旅游流流量变化较小，其中湖南流向湖北、河南的旅游流流量分别减少5列次、8列次，而流向安徽的旅游流流量不变。

当以河南作为客源地时，可以看出河南流向湖北的旅游流流量相对最大，其中客流量相对最大的城市是武汉，每天有124次列车从河南省会郑州发往湖北省会武汉；对于河南流向湖南的旅游流来说，其中客流量相对最大的城市是长沙，每天有83次列车从河南省会郑州发往湖南省会长沙；对于河南流向安徽的旅游流来说，其中客流量相对最大的城市是合肥，每天有32次列车从河南省会郑州发往安徽省会合肥。与上一年度相比，在中部六省之间，以河南作为客源地时旅游流流向基本没有变化，旅游流流量较大幅度增加，其中以河南流向安徽的旅游流流量增幅最大，达到74列次。

表4-9　中部六省之间旅游流（列车次数）

客源地	目的地	湖北			湖南			河南			安徽		
		武汉	宜昌	十堰	长沙	张家界	衡阳	郑州	开封	洛阳	合肥	黄山	池州
湖北	武汉	—			151	1	82	125	4	21	59	3	0
	黄石				0	0	0	10	0	5	0	3	0
	十堰				2	0	2	11	3	0	4	0	0
	宜昌				11	2	7	6	0	0	22	1	0
	襄阳				9	6	8	19	3	4	4	0	0
	荆州				6	0	4	4	0	0	20	0	0
	荆门				4	6	4	2	0	3	0	0	0
	鄂州				0	0	0	10	0	4	0	2	0
	孝感				21	0	15	27	1	7	1	1	0
	黄冈				1	0	1	1	0	0	0	0	0

续表

客源地	目的地	湖北			湖南			河南			安徽		
		武汉	宜昌	十堰	长沙	张家界	衡阳	郑州	开封	洛阳	合肥	黄山	池州
湖北	咸宁	—			64	0	37	24	3	5	8	0	0
	随州				3	0	3	2	0	1	1	0	0
	恩施				4	0	2	4	0	0	17	0	0
湖南	长沙	151	11	3	—			83	3	14	13	2	0
	株洲	46	6	3				19	2	6	6	2	3
	湘潭	7	0	0				5	1	0	2	2	1
	衡阳	80	7	3				34	2	11	6	2	3
	邵阳	6	0	0				5	1	0	1	0	0
	岳阳	101	5	2				47	2	10	11	0	0
	张家界	1	2	0				2	0	2	0	0	0
	益阳	1	4	1				1	0	1	0	0	0
	常德	1	4	1				1	0	1	0	0	0
	娄底	12	0	0				9	0	0	3	2	1
	郴州	70	8	3				29	2	9	4	2	0
	永州	15	0	0				10	0	0	2	0	3
	怀化	16	2	0				14	1	2	2	2	1
河南	郑州	124	8	12	83	2	39	—			32	6	2
	洛阳	23	0	0	15	2	13				15	4	1
	商丘	17	1	3	11	0	5				22	4	1
	安阳	26	3	3	16	3	8				1	0	0
	南阳	7	1	10	5	4	5				5	0	0
	开封	7	0	3	5	0	3				10	1	0
	平顶山	7	1	11	4	2	4				3	0	0

续表

客源地	目的地	湖北			湖南			河南			安徽		
		武汉	宜昌	十堰	长沙	张家界	衡阳	郑州	开封	洛阳	合肥	黄山	池州
河南	焦作	1	0	1	1	2	1				0	0	0
	新乡	24	1	5	15	3	8				3	0	0
	鹤壁	23	0	1	16	2	5				2	0	0
	许昌	55	0	1	33	1	20		—		1	1	0
	漯河	75	3	2	45	1	26				1	1	0
	三门峡	8	0	0	5	0	3				5	1	0
	信阳	91	2	1	55	1	33				11	1	0
	周口	2	0	0	1	0	1				11	1	0
	驻马店	78	2	0	50	1	31				1	1	0
	济源	1	0	1	0	1	0				0	0	0

注：查询地址为 https：//www.12306.cn/index/。
列车时间为 2020-04-24，星期五。

从中部六省内部旅游流总体来看（见表 4-10），当以湖北省为客源地时，湖北流向湖南的旅游流流量相对最大，其次是流向河南的旅游流流量，最后是流向安徽的旅游流流量。当以湖南为客源地时，湖南流向湖北的旅游流流量相对最大，其次是流向河南的旅游流流量，最后是流向安徽的旅游流流量。当以河南为客源地时，河南流向湖北的旅游流流量相对最大，其次是流向湖南的旅游流流量，最后是流向安徽的旅游流流量。

总体来看，河南流向湖北的旅游流流量相对最大，是中部六省之间最主要的旅游流，河南流向湖南的旅游流流量紧随其后，而湖南流向安徽的旅游流流量在中部六省内部是最小的。与 2019 年年底数据相比，中部六省之间旅游流流向大体上没有明显变化，河南流向湖北的旅游流流量仍保持第一，河南流向湖南和湖南流向湖北的旅游流是第二、第三大旅游流，湖南流向河南的旅游流流量继续减少，湖北流向安徽、湖南流向湖北的流量较上一年减少。中部六省之间旅游流总体流量均有所增加，其中河南流向安徽的旅游流流量增幅最大，达到74列次，增加近一倍，河南与安徽、河南与湖北之间的旅游流流量增幅较大，这表明河南与安徽、湖北两省之间的经济关联开始度开始增加。

表4-10 中部六省内部旅游流总体分析

目的地 客源地	湖北	湖南	河南	安徽
湖北	—	456（+1）	309（+2）	146（-6）
湖南	572（-5）	—	329（-8）	76（+0）
河南	645（+11）	590（+5）	—	148（+74）

三、旅游流通道便捷度

（一）旅游流通道便捷指数

旅游流通道便捷指数主要是指旅游流在通道中流动时的便利快捷程度。该指数的大小主要与目的地之间航班次数、列车班次以及旅游流通道长度有很大关系。为了更好地反映出旅游流通道的便捷度，借助通道便捷指数公式对各区域旅游流进行计算。具体公式如下：

$$J = \frac{H \cdot \gamma + L \cdot \sigma + G \cdot \chi + D\varepsilon + \cdots\cdots}{R}$$

其中，J 表示旅游交通便捷指数；H 表示航班次数；L 表示列车次数；G 表示旅游大巴班次；D 表示地铁等城市有轨列车班次；"……"表示其他交通方式的次数。R 表示北京与对流省市之间的物理距离；其中 ε、γ、σ、χ 均表示为待定系数。

旅游流通道长度主要是指旅游流空间流动轨迹的长度。由于省际旅游流通道长度即为航空距离，因此旅游流通道长度选取航空距离。将距离800千米以内的省市划分为近距离对流省市，将距离在801~1500千米省市定为中距离对流省市，将距离在1500千米以上作为远距离对流省市。

旅游流通道广度是指目的地之间旅游流流动时各种有效可替代交通方式的种类，其中有效可替代交通方式是指在便利程度和快捷程度方面相当的交通方式。一般来说，可替代交通方式越多旅游通道的广度越广，可替代性交通方式越少，旅游流通道的广度越窄。对于国际间入境旅游流来说，可替代性相对较弱，绝大多数旅游流仅能依靠航空方式。而对于省际旅游流来说，除了航空方式外，还可选择铁路作为替代工具。对于区内旅游流通道来说，除了以上各种交通方式外，还有国道、省道以及旅游专线等作为替代。对于市区的旅游流通道来说，其可替代的交通方式最多。总体来看，空间尺度越小，旅游流通道的广度越广。具体对近距离旅游通道宽度来说，由于游客对铁路便捷性的心理感知要强于航空，所以分别对 γ 取值 10，对 σ 取值为 15，即旅游流通道宽度用 H10+L15 来计算；对于中距离旅游流通道宽度来说，由于游客对航空和铁路的便捷度心理感知差异不大，所以对 γ 和 σ 平均取值为 10，即旅游流通道宽度用 H10+L10 来计算；对于远距离旅游流通道宽度来说，由于游客对航空的便捷度感知要远远大于铁路，所以分别对 γ 取值 15，对 σ 取值为 5，即旅游流通道宽度用 H15+L5 来计算。

根据旅游流便捷指数计算公式对各经济区之间的旅游流通道便捷度进行计算。

（二）旅游流通道便捷度分析

1. 以环渤海经济区为客源地的旅游流通道便捷度分析

在环渤海经济区，北京的经济实力最强，旅游业发展也最好，因此选取北京作为环渤海经济区的代表。从流向环渤海内部来看，北京流向天津的旅游流通道便捷度大于流向河北的旅游流通道便捷度，而北京流向河北的旅游流通道便捷度大于流向山东的旅游流通道便捷度；从流向长三角经济区来看，北京流向上海的旅游流通道便捷度大于流向江苏的旅游流通道便捷度，而北京流向江苏的旅游流通道便捷度大于流向浙江的旅游流通道便捷度；从流向珠三角经济区来看，北京流向广东的旅游流通道便捷度大于流向福建的旅游流通道便捷度；从流向中部地区来看，北京流向河南的旅游流通道便捷度大于流向山西的旅游流通道便捷度，北京流向山西的旅游流通道便捷度大于流向湖北的旅游流通道便捷度，北京流向湖北的旅游流通道便捷度大于流向湖南的旅游流通道便捷度，北京流向湖南的旅游流通道便捷度大于流向安徽的旅游流通道便捷度；从流向其他地区来看，北京流向东北地区的旅游流通道便捷度大于流向成渝地区的旅游流通道便捷度，北京流向成渝地区的旅游流通道便捷度大于流向云贵地区的旅游流通道便捷度。

从省际通道便捷度总体来看，北京流向天津的旅游流通道便捷度最大，旅游流通道便捷指数为 19.98。然后，依次是河北、山东、河南、辽宁和上海；而北京流向福建、云南和安徽地区的旅游流通道便捷度最小，旅游流通道便捷指数分别为 0.19，0.24 和 0.28。

从区域通道便捷度总体来看，以环渤海经济区为客源地时，环渤海经济区内部环流的旅游流通道便捷度相对最大，旅游流通道便捷指数为 9.85；其次是流向东北地区的旅游流通道便捷度较大，旅游流通道便捷指数为 1.22；然后是流向中部地区的旅游流通道便捷度，旅游流通道便捷指数为 0.90。而环渤海经济区流向云贵地区的旅游流通道便捷度最小，其旅游流通道便捷指数仅为 0.24；其次是流向珠三角地区和成渝地区的旅游流通道便捷度，旅游流通道便捷指数分别为 0.55 和 0.68。

表 4–11　以环渤海经济区为客源地的旅游流通道

北京流向		通道长度（千米）	航班次数（次/天）	列车次数（次/天）	通道广度	省际通道便捷指数	区域通道便捷指数
环渤海	天津	120	0	199	2397	19.98	9.85
	河北	392	0	157	2369	6.04	
	山东	412	4	102	1454	3.53	
长三角	上海	1178	16	47	1386	1.18	0.85
	浙江	1200	10	20	615	0.51	
	江苏	981	16	66	838	0.85	
珠三角	广东	1967	24	24	1798	0.91	0.55
	福建	1681	5	8	315	0.19	
中部地区	河南	690	1	101	1482	2.15	0.90
	湖南	1446	6	34	571	0.39	
	湖北	1133	0	54	810	0.71	
	安徽	959	1	20	273	0.28	
	山西	522	1	30	504	0.97	
东北地区	辽宁	649	4	49	792	1.22	1.22
成渝地区	四川	1630	22	9	1113	0.68	0.68
云贵地区	云南	2266	12	7	537	0.24	0.24

注：航班查询地址为 http://flight.elong.com；列车查询地址为 https://www.12306.cn/index/。
列车、航班查询时间为 2020-04-24，星期五。

2. 以长三角经济区为客源地的旅游流通道便捷度分析

在长三角经济区，上海的经济实力最强，旅游业发达，因此选取上海作为长三角经济区的代表。从流向环渤海经济区来看，上海流向北京的旅游流通道便捷度大于流向山东的旅游流通道便捷度，上海流向山东的旅游流通道便捷度大于流向天津的旅游流通道便捷度，上海流向天津的旅游流通道便捷度大于流向河北的旅游流通道便捷度；从流向长三角经济区来看，上海流向浙江的旅游流通道便捷度大于流向江苏的旅游流通道便捷度；从流向珠三角经济区来看，上海流向广东的旅游流通道便捷度大于流向福建的旅游流通道便捷度；从流向中部地区来看，上海流向安徽的旅游流通道便捷度大于流向湖北的旅游流通道便捷度，上海流向湖北的旅游流通道便捷度大于流向湖南的旅游流通道便捷度，上海流向湖南的旅游流通道便捷度大于流向河南的旅游流通道便捷度，上海流向河南的旅游通道便捷度大于流向山西的旅游流通道便捷度；从流向其他地区来看，上海流向成渝地区的旅游流通道便捷度大于流向云贵地区的旅游流通道便捷度，上海流向云贵地区的旅游流通道便捷度大于流向东北地区的旅游流通道便捷度。

从省际通道便捷度总体来看，上海流向浙江的旅游流通道便捷度最大，旅游流通道便捷指数为19.57。然后，依次是江苏、安徽、广东、北京、湖北和福建。而上海流向山西、河北的旅游流通道便捷度最小，旅游流通道便捷指数均为0.21。

从区域通道便捷度总体来看，以长三角经济区为客源地时，长三角经济区内部环流的旅游通道便捷度相对最大，旅游流通道便捷指数为17.60；其次是流向珠三角经济区的旅游流通道便捷度较大，旅游流通道便捷指数为1.24；然后是流向中部地区的旅游流通道便捷度，旅游流通道便捷指数为0.96。长三角经济区流向东北地区的旅游流通道便捷度最小，旅游流通道便捷指数仅为0.34，其次是流向云贵地区和成渝地区的旅游流通道便捷度，旅游流通道便捷指数分别为0.38和0.57。

表 4-12 以长三角经济区为客源地的旅游流通道

上海流向		通道长度（千米）	航班次数（次/天）	列车次数（次/天）	通道广度	省际通道便捷指数	区域通道便捷指数
环渤海	北京	1178	17	51	1454	1.23	0.70
	天津	1133	9	37	604	0.53	
	河北	1130	6	11	233	0.21	
	山东	852	2	75	717	0.84	
长三角	浙江	138	0	195	2701	19.57	17.60
	江苏	273	1	298	4265	15.62	
珠三角	广东	1308	68	25	1974	1.51	1.24
	福建	678	4	28	663	0.98	
中部地区	河南	887	8	44	592	0.67	0.96
	湖南	964	16	32	654	0.68	
	湖北	761	6	38	849	1.12	
	安徽	412	0	71	887	2.15	
	山西	1238	6	7	256	0.21	
东北地区	辽宁	1364	15	10	466	0.34	0.34
成渝地区	四川	1782	28	11	1013	0.57	0.57
云贵地区	云南	2042	18	6	780	0.38	0.38

注：航班查询地址为 http://flight.elong.com；列车查询地址为 https://www.12306.cn/index/。
列车、航班查询时间为 2020-04-24，星期五。

3. 以珠三角经济区为客源地的旅游流通道便捷度分析

在珠三角经济区，广东的经济实力最强，旅游业最发达，因此选取广东作为珠三角经济区的代表。从珠三角流向环渤海地区来看，广东流向北京的旅游流通道便捷度大于流向山东的旅游流通道便捷度，广东流向山东的旅游流通道便捷度大于流向天津的旅游流通道便捷度，广东流向天津的旅游流通道便捷度大于流向河北的旅游流通道便捷度；从流向长三角地区来看，广东流向上海的旅游流通道便捷度大于流向浙江的旅游流通道便捷度，广东流向浙江的旅游流通道便捷度大于流向江苏的旅游流通道便捷度；从流向中部地区来看，广东流向湖南的旅游流通道便捷度大于流向湖北的旅游流通道便捷度，广东流向湖北的旅游流通道便捷度大于流向河南的旅游流通道便捷度，广东流向河南的旅游流通道便捷度大于流向安徽的旅游流通道便捷度，广东流向安徽的旅游流通道便捷度大于流向山西的旅游流通道便捷度；从流向其他地区来看，广东流向成渝地区的旅游流通道便捷度大于流向云贵地区的旅游流通道便捷度，广东流向云贵地区的旅游流通道便捷度大于流向珠三角福建的旅游流通道便捷度，广东流向珠三角福建的旅游流通道便捷度大于流向东北地区的旅游流通道便捷度。

从省际通道便捷度总体来看，广东流向湖南的旅游流通道便捷度最大，旅游流通道便捷指数为3.87。然后，依次是上海、湖北和四川，而广东流向山西的旅游流通道便捷度最小，旅游流通道便捷指数为0.09。

从区域通道便捷度总体来看，以珠三角经济区为客源地时，珠三角经济区流向中部地区的旅游流通道便捷度最大，旅游流通道便捷指数为1.23，其次是流向长三角经济区的旅游流通道便捷度较大，旅游流通道便捷指数为1.01，最后是流向成渝地区的旅游流通道便捷度较大，旅游流通道便捷指数为0.97。而珠三角经济区流向东北地区的旅游流通道便捷度相对最小，旅游流通道便捷指数为0.19，其次是流向环渤海经济区和云贵地区的旅游流通道便捷度，旅游流通道便捷指数分别为0.46和0.59。

表4-13 以珠三角经济区为客源地的旅游流通道

广东流向		通道长度（千米）	航班次数（次/天）	列车次数（次/天）	通道广度	省际通道便捷指数	区域通道便捷指数
环渤海	北京	1967	24	23	1801	0.92	0.46
	天津	1910	15	10	659	0.35	
	河北	1822	5	30	333	0.18	
	山东	1664	14	8	654	0.39	
长三角	上海	1308	69	23	1973	1.51	1.01
	浙江	1099	46	28	1010	0.92	
	江苏	1255	36	9	774	0.62	
珠三角	福建	763	6	32	281	0.37	0.37

续表

广东流向		通道长度（千米）	航班次数（次/天）	列车次数（次/天）	通道广度	省际通道便捷指数	区域通道便捷指数
中部地区	河南	1389	22	55	752	0.54	1.23
	湖南	620	2	215	2399	3.87	
	湖北	873	14	127	1248	1.43	
	安徽	1105	15	11	215	0.19	
	山西	1722	10	3	161	0.09	
东北地区	辽宁	2672	15	6	517	0.19	0.19
成渝地区	四川	1390	53	23	1354	0.97	0.97
云贵地区	云南	1357	22	26	795	0.59	0.59

注：航班查询地址为 http：//flight.elong.com；列车查询地址为 https：//www.12306.cn/index/。列车、航班查询时间为2020-04-24，星期五。

4. 以中部地区为客源地的旅游流通道便捷度分析

在中部地区，湖南的经济实力稍强，旅游业发展也相对较好，因此选取湖南作为中部地区的代表。从流向环渤海地区来看，湖南流向北京的旅游流通道便捷度大于流向河北的旅游流通道便捷度，湖南流向河北的旅游流通道便捷度大于流向山东的旅游流通道便捷度，湖南流向山东的旅游流通道便捷度大于流向天津的旅游流通道便捷度；从流向长三角地区来看，湖南流向上海的旅游流通道便捷度大于流向浙江的旅游流通道便捷度，湖南流向浙江的旅游流通道便捷度大于流向江苏的旅游流通道便捷度；从流向珠三角地区来看，湖南流向广东的旅游流通道便捷度大于流向福建的旅游流通道便捷度；从流向中部地区内部来看，湖南流向湖北的旅游流通道便捷度大于流向河南的旅游流通道便捷度，湖南流向河南的旅游流通道便捷度大于流向安徽的旅游流通道便捷度，湖南流向安徽的旅游流通道便捷度大于流向山西的旅游流通道便捷度；从流向其他地区来看，湖南流向云贵地区的旅游流通道便捷度大于流向成渝地区的旅游流通道便捷度，湖南流向成渝地区的旅游流通道便捷度大于流向东北地区的旅游流通道便捷度。

从省际通道便捷度总体来看，湖南流向湖北的旅游流通道便捷度最大，旅游流通道便捷指数为6.92。然后是广东，旅游流通道便捷指数为3.77，而湖南流向山西的旅游流通道便捷指数最小，旅游通道便捷指数为0.07。

从区域通道便捷度总体来看，以中部地区为客源地时，中部地区内部的旅游流通道便捷度大，旅游流通道便捷指数为2.08，其次是中部地区流向珠三角经济区的旅游流通道便捷度较大，旅游流通道便捷指数为1.99，最后是流向长三角的旅游流通道便捷度较大，旅游流通道便捷指数为0.52。而中部地区流向东北地区的旅游流通道便捷度相对最小，旅游流通道便捷指数为0.09；其次是流向成渝地区、环渤海经济区和云贵地区的旅游流通道便捷度，旅游流通道便捷指数分别为0.15、0.28和0.32。

表4-14 以中部地区为客源地的旅游流通道

湖南流向		通道长度（千米）	航班次数（次/天）	列车次数（次/天）	通道广度	省际通道便捷指数	区域通道便捷指数
环渤海	北京	1446	6	39	630	0.44	0.28
	天津	1353	4	10	141	0.10	
	河北	1249	1	51	493	0.39	
	山东	1228	5	9	239	0.19	
长三角	上海	964	15	31	622	0.65	0.52
	浙江	805	2	43	495	0.61	
	江苏	799	7	15	235	0.29	
珠三角	广东	620	2	211	2339	3.77	1.99
	福建	743	3	7	161	0.22	
中部地区	河南	828	2	83	805	0.97	2.08
	湖北	317	0	151	2195	6.92	
	安徽	641	0	13	225	0.35	
	山西	1174	5	2	88	0.07	
东北地区	辽宁	2194	5	5	190	0.09	0.09
成渝地区	四川	940	10	14	141	0.15	0.15
云贵地区	云南	1116	7	22	362	0.32	0.32

注：航班查询地址为http://flight.elong.com；列车查询地址为https://www.12306.cn/index/。
列车、航班查询时间为2020-04-24，星期五。

5. 以东北地区为客源地的旅游流通道便捷度分析

在东北地区，辽宁的经济实力较强，旅游业发展也相对较好，因此选取辽宁作为东北地区的代表。从流向环渤海地区来看，辽宁流向北京的旅游流通道便捷度大于流向天津的旅游流通道便捷度，辽宁流向天津的旅游流通道便捷度大于流向山东的旅游流通道便捷度，辽宁流向山东的旅游流通道便捷度大于流向河北的旅游流通道便捷度；从流向长三角地区来看，辽宁流向上海的旅游流通道便捷度大于流向江苏的旅游流通道便捷度，而辽宁流向江苏的旅游流通道便捷度大于流向浙江的旅游流通道便捷度；从流向珠三角地区来看，辽宁流向广东的旅游流通道便捷度略大于流向福建的旅游流通道便捷度；从流向中部地区来看，辽宁流向河南的旅游流通道便捷度大于流向湖北的旅游流通道便捷度，辽宁流向湖北的旅游流通道便捷度大于流向山西的旅游流通道便捷度，辽宁流向山西的旅游流通道便捷度大于流向湖南的旅游流通道便捷度，辽宁流向湖南的旅游流通道便捷度大于流向安徽的旅游流通道便捷度；从流向其他地区来看，辽宁流向成渝地区的旅游流通道便捷度大于流向云贵地区的旅游流通道便捷度。

从省际通道便捷度总体来看，辽宁流向北京的旅游流通道便捷度最大，旅游流通道便捷指数为1.24。辽宁流向其他各地区的旅游通道便捷指数均小于1.0，其中辽宁流向云南、福建的旅游流通道便捷度较小，旅游流通道便捷指数均为0.06。

从区域通道便捷指数来看，东北地区流向环渤海经济区的旅游流通道便捷度较大，旅游流通道便捷指数为0.68；其次是流向长三角经济区的旅游流通道便捷度较大，旅游流通道便捷指数为0.21；最后是流向珠三角经济区的旅游流通道便捷度较大，旅游流通道便捷指数为0.13。而东北地区流向云贵地区的旅游流通道便捷度最小，旅游流通道便捷指数为0.06；其次是流向成渝地区和中部地区的旅游流通道便捷度，旅游流通道便捷指数分别为0.10和0.11。

表4-15 以东北地区为客源地的旅游流通道

辽宁流向		通道长度（千米）	航班次数（次/天）	列车次数（次/天）	通道广度	省际通道便捷指数	区域通道便捷指数
环渤海	北京	649	4	50	807	1.24	0.68
	天津	829	0	83	803	0.97	
	河北	974	1	20	183	0.19	
	山东	900	4	24	271	0.30	

续表

辽宁流向		通道长度（千米）	航班次数（次/天）	列车次数（次/天）	通道广度	省际通道便捷指数	区域通道便捷指数
长三角	上海	1364	15	10	466	0.34	0.21
	浙江	1849	5	6	231	0.12	
	江苏	1630	9	15	266	0.16	
珠三角	广东	2672	14	6	516	0.19	0.13
	福建	2042	5	0	121	0.06	
中部地区	河南	1339	5	16	237	0.18	0.11
	湖南	2191	4	5	175	0.08	
	湖北	1859	1	9	196	0.11	
	安徽	1608	2	1	105	0.07	
	山西	1171	2	6	116	0.10	
成渝地区	四川	2346	7	3	228	0.10	0.10
云贵地区	云南	2935	5	2	169	0.06	0.06

注：航班查询地址为 http：//flight.elong.com；列车查询地址为 https：//www.12306.cn/index/。列车、航班查询时间为2020-04-24，星期五。

6.以成渝地区为客源地的旅游流通道便捷度分析

在成渝地区，四川的经济实力较强，旅游业发展也相对较好，因此选取四川作为成渝地区的代表。从流向环渤海地区来看，四川流向北京的旅游流通道便捷度大于流向河北的旅游流通道便捷度，四川流向湖北的旅游流通道便捷度大于流向山东的旅游流通道便捷度，四川流向山东的旅游流通道便捷度大于流向天津的旅游流通道便捷度；从流向长三角地区来看，四川流向上海的旅游流通道便捷度大于流向浙江的旅游流通道便捷度，四川流向浙江的旅游流通道便捷度大于流向江苏的旅游流通道便捷度；从流向珠三角地区来看，四川流向广东的旅游流通道便捷度大于流向福建的旅游流通道便捷度；从流向中部地区来看，四川流向河南的旅游流通道便捷度大于流向湖北的旅游流通道便捷度，四川流向湖北的旅游流通道便捷度大于流向湖南的旅游流通道便捷度，四川流向湖南的旅游流通道便捷度大于流向安徽的旅游流通道便捷度，四川流向安徽的旅游流通道便捷度大于流向山西的旅游流通道便捷度；从流向其他地区来看，四川流向云贵地区的旅游流通道道便捷度大于流向东北地区的旅游流通便捷度。

从省际通道便捷度总体来看，四川流向广东的旅游流通道便捷度最大，旅游流通道便捷指数为0.97。四川流向其他各地区的旅游通道便捷指数均小于0.90，而四川流向天津和辽宁的旅游流通道便捷度最小，旅游流通道便捷指数均为0.10；其次是流向山西的旅游流通道便捷度较小，旅游流通道便捷指数为0.11。

从区域通道便捷度总体来看，以成渝地区为客源地时，成渝地区流向云贵地区的旅游流通道便捷度最大，旅游流通道便捷指数为0.59，其次是流向珠三角地区的旅游流通道便捷度较大，旅游流通道便捷指数为0.58，再次是流向长三角经济区的旅游流通道便捷度较大，旅游流通道便捷指数为0.35。而成渝地区流向东北地区的旅游流通道便捷度最小，旅游流通道便捷指数仅为0.10，其次是流向中部地区的旅游流通道便捷度较小，旅游流通道便捷指数为0.23。

表 4-16　以成渝地区为客源地的旅游流通道

四川流向		通道长度（千米）	航班次数（次/天）	列车次数（次/天）	通道广度	省际通道便捷指数	区域通道便捷指数
环渤海	北京	1630	22	9	1057	0.65	0.25
	天津	1640	8	6	170	0.10	
	河北	1357	6	16	193	0.14	
	山东	1419	8	3	164	0.12	
长三角	上海	1782	29	11	1000	0.56	0.35
	浙江	1699	18	7	479	0.28	
	江苏	1618	11	13	328	0.20	
珠三角	广东	1390	51	21	1350	0.97	0.58
	福建	1771	7	3	228	0.13	
中部地区	河南	1039	6	30	423	0.41	0.23
	湖南	940	10	14	150	0.16	
	湖北	1047	6	26	365	0.35	
	安徽	1392	4	9	175	0.13	
	山西	1173	3	4	124	0.11	

续表

四川流向		通道长度（千米）	航班次数（次/天）	列车次数（次/天）	通道广度	省际通道便捷指数	区域通道便捷指数
东北地区	辽宁	2346	9	3	226	0.10	0.10
云贵地区	云南	711	17	11	419	0.59	0.59

注：航班查询地址为http://flight.elong.com；列车查询地址为https://www.12306.cn/index/。
列车、航班查询时间为2020-04-24，星期五。

从全国范围来看，上海流向长三角内部的旅游流通道便捷度最高，便捷度指数是17.60，其次是北京流向环渤海内部的旅游流通道便捷度较高，便捷指数是9.85，北京流向东北地区、上海流向珠三角经济区、广东流向长三角经济区、广东流向中部地区、湖南流向中部地区内部、湖南流向珠三角经济区的旅游流通道便捷度也较高，便捷指数均不小于1。而辽宁流向云贵地区的旅游流通道便捷度最低，便捷指数仅为0.06，辽宁流向成渝地区、四川流向东北地区的旅游流通道便捷度次之，便捷指数均为0.1。从这一结果来看，旅游流通道便捷度的高低与物理距离呈负相关关系，与经济发达程度和交通便利程度则有着正相关关系。

第五章
国内旅游节假日市场特征

2007年11月9日起,国家法定节假日调整研究小组公开在网上征集对国家法定节假日调整方案的意见。根据这一方案,2007年12月,国务院将国家法定节假日由10天增加为11天,三个黄金周保留两个,取消一个,同时将除夕、清明节、端午节和中秋节四个民族传统节日纳入国家法定节假日。新方案调整后,只剩下春节和"十一"两大黄金周,清明节、端午节、中秋节等民族传统节日各休一天,加上周末的两天休假,则成了3天的中短假期。这样,每年将出现2个集中休假高峰——春节(7天)、国庆(7天)以及5个集中休假小高峰——元旦(3天)、清明(3天)、五一(3天)、端午(3天)、中秋(3天),出现了法定节假日与周末连休3天的小长假、黄金周和个人带薪休假并存的新局面。

法定节假日对旅游经济有一种非常强的促进作用,我国当前的旅游假日经济效应非常明显。法定节假日调整后,对旅游者的消费需求产生了极大的影响。小长假的增加势必使长线游、短线游的比例发生新的变化,人们更加倾向于选择短线就近出游。在新的节假日方案中,中秋节、清明节这些传统节日使人们旅行出游时更倾向于选择与这些传统节日相关联的线路。由于"五一"黄金周的取消,长线旅游受到一定程度的抑制。

调整后的法定节假日,对旅游产品也产生了较大的影响。中国有许多地区还保持着一些长达百年以上的重大节日民俗文化传统,如清明假日,不少地方就结合清明扫墓踏青的风俗,推出了有特色的系列民俗活动,如放风筝、荡秋千、寻根祭祖等。高速公路网的建设、健全以及家用汽车数量的快速增长,大大提高了人们短程、短期旅行的便利程度,周末(小黄金周)出游、城郊游等短途旅行更为便捷、更为频繁。对旅行社而言,最明显的就是其长短线产品结构的调整,大城市100公里以内的郊区游、农家游、周边游等国内游大规模上升。

2020年上半年受新冠肺炎影响,有组织的旅游活动几乎全面停止,消费信心遭遇重创,旅游市场遭遇了两个季度的萧条期。文化和旅游系统坚决贯彻习近平总书记重要批示精神,从严、从紧、从细落实中央每一阶段的工作部署,始终把人民的生命安全和身体健康放在第一位,为统筹疫情防控和有序复工提供了有力的保障。3月12日开始,各地陆续恢复省内旅游。经过清明节和劳动节两个假期,旅游消费信心开始恢复,旅游产业动能重新集聚。6月中旬,北京新发地批发市场暴发新一轮疫情,导致跨省旅游业务恢复和部分地区的旅游市场复苏暂时受到影响。7月14日,各地陆续恢复跨省团队旅游业务,全国旅游重心正在走向防控型复工新阶段,即全力推进文化和旅游融合高质量发展,系统谋划全面建成小康社会后的旅游发展新思路。

受新冠肺炎疫情影响,2020年的假日旅游市场也受到了较大影响,游客接待量和旅游收入均有大幅度下降,但同时呈现出了自驾游、周边游为主,"5G直播、VR游园"等科技助力旅游市场的新特征,引领旅游市场有序复苏。

一、假日旅游引领市场回暖

(一)春节七天旅游活动大幅度减少直至全面停止,目的地活动半径持续收缩到2公里左右

文化和旅游部从春节假期第一天开始就采取果断措施,将工作重心从"保障供给,繁荣市场"转向"停组团、关景区、防疫情"。以春节七天假期为例,有组织的团队和探亲访友之外的旅游活动大幅度减少直至全面停止,但是节前到达目的地的团队旅游者、自助旅游者和探亲访友的游客,及其餐饮、住宿、购物、通信等基本消费还是存在的。从统计数据上看,除夕至年初六,旅游市场尽管同比减了四成有余,但是还有近2.5亿人次游客、2800亿元收入的市场存量。

从监测数据来看,有组织的旅游活动应声而减,直至全面停止;探亲访友游客同比也减少了76%以上,目的地活动半径持续收缩到2公里左右,减少了近一半的预期消费。

(二)清明节期间国内旅游业转入防控型复工新阶段,全国国内旅游接待总人数同比减少六成

春节至清明节,城乡居民居家隔离、远程办公为主的生活节奏已经两月有余了,外出意愿强烈。自3月中旬开始,国内旅游业转入防控型复工新阶段,25个省、自治区、直辖市的旅游企业恢复了辖区内的旅游业务。清明假日三天,严防控、重安全、不聚集仍然是各地文化和旅游系统工作主基调,旅游市场以

家庭出行、都市休闲和周边游为主，总体上呈现出"城市休闲复苏，周边旅游活跃"的市场特征。

综合各地旅游部门、通信运营商、线上旅行服务商和旅游经济实验室专项调研数据，经中国旅游研究院（文化和旅游部数据中心）综合测算，2020年清明假日期间全国国内旅游接待总人数4325.4万人次，同比减少61.4%；实现旅游收入82.6亿元，同比减少80.7%。国内游客满意度指数为88.8，达到历史高位水平。

（三）劳动节期间旅游业防控型复工取得了新进展，旅游市场和消费信心正在稳步恢复

2020年的劳动节假期是过去12年来首个五天连休假，也是疫情防控常态化以来首个小长假，城乡居民旅游度假和文化休闲意愿高，消费能力稳步提升。五天时间接待国内游客1.15亿人次，按可比口径同比恢复约53.5%；实现国内旅游收入475.6亿元，按可比口径同比恢复约36.7%。这意味着旅游业防控型复工取得了新进展，旅游市场和消费信心正在稳步恢复。在此期间，没有因为旅游活动而发生疫情传播和扩散，没有发生旅游安全事故，没有涉旅负面舆情，旅游市场总体表现为安全、平稳、有序、绿色、文明。对于疫情防控常态化阶段的第一个长假，旅游市场能取得这样的成绩，来之不易。

劳动节假期期间，游客平均出游时间超过40小时，出游距离为136公里，其中本地游客平均出游距离40.5公里，游客在目的地的平均游憩半径为16.7公里，较2020年春节长假平均值提高了50.1%。游客总体满意度84.8，处于"满意"水平。这说明旅游市场活力在逐渐恢复，旅游消费信心在积聚。

（四）端午节期间旅游业处于有序复苏进程中，旅游经济触底反弹和稳中向好的趋势仍在继续

尽管北京新发地批发市场发生的疫情让各地居民出游趋于谨慎，为期三天的端午节假期还是处于有序复苏进程。2020年端午节三天，全国共接待国内游客4880.9万人次，同比恢复50.9%；实现旅游收入122.8亿元，同比恢复31.2%。与劳动节假期相比，恢复进度分别回落2.7和5.5个百分点。但是与清明节假期相比，恢复进度则分别提高12.3和11.9个百分点，人均每次旅游消费也有明显增加。数据表明，旅游消费的信心正在恢复，产业振兴的动能开始积聚，旅游经济触底反弹和稳中向好的趋势仍在继续。

端午节假期三天，文化和旅游系统坚决贯彻习近平总书记批示指示精神，从细从严落实中央统筹疫情防控和复工复产的工作要求，节前召开电视电话会议，节中召开工作调度会，层层压实属地责任、监管责任和主体责任。全面推进智慧旅游和大数据技术的应用，景区广泛实施"预约、错峰、分时、有序"管理制度和技术标准，旅游市场呈现"安全、文明、融合、有序"的特征。假期三天，没有因为旅游活动而发生疫情传播与扩散，没有发生重大涉旅安全事故，没有出现重大旅游投诉。游客总体满意度85.0，处于"满意"水平，较劳动节期间略有提升。

二、假日旅游"安全出行站C位"，高品质、预约游成为新常态

（一）清明期间以短途自驾游为主，"5G直播、VR游园"等科技助力旅游市场

以周边短途自驾为主，近程非过夜游引领市场回暖。清明期间，各景区客流结构以省内客流为主，都市休闲一日游、近郊周边游回暖复苏，自驾出行比例上升，家庭自助游成市场主力，户外踏青、赏花、游园、看动物热度提升。52.5%的游客参与了踏青郊游，33.6%的游客参与了游园赏花。居民出游除交通、通信等必要支出外，其他消费支出同比下降幅度较大。

清明期间，"5G直播、VR游园"等科技助力旅游市场，旅游热门目的地从云端走到线下，实现线上种草，线下拔草转化。上海海昌海洋公园开直播，吸引不少"云旅游"用户在清明走到线下；湖州市利用"旅游+直播"带货模式，促进清明期间省内游、周边游的热度回升。

马蜂窝大数据显示，清明节前一周，北京、上海、广州的"周边自驾游"关键词热度环比分别上涨85.7%、51.2%、132.8%。

中国旅游研究院与中国联通大数据监测显示，清明假期期间城市居民活动平均半径3.6公里，较春节期间平均提升36.8%。外地游客在目的地游憩半径为12.9公里，较春节假期平均提升16.0%。

（二）五一期间，预约、分餐、适度、健康、绿色已成文明旅游新风尚

预约、分餐、适度、健康、绿色已成文明旅游新风尚，亲子、家庭、文化、品质成为广大游客新需求。在跨省和出入境旅游业务尚未恢复的情况下，远程旅游市场主要以探亲访友为主，更多人选择和家人一起在本地休闲、周边旅游、

简约消费，重新发现身边的美丽风景和日常的美好生活，增进亲情，颐养身心。中国旅游研究院调查数据显示，假期期间参与文化休闲的游客比例达87.9%，56.2%的游客选择与家人一起出游。

游客高度关注用餐安全和文明用餐，59.9%的游客倾向于"为了安全卫生选择更高价格产品"，对公筷公勺的接受和认可程度较高。品质消费更加凸显，自然环境优美、相对独立的度假型酒店产品搜索量增长200%以上，携程五星级酒店的间夜占比达到了50%。美团订单数据显示，假期期间高端酒店（不含民宿）日均订单量同比恢复89.0%，较非高端酒店高出24.3个百分点。

自驾游、周边游、乡村游、本地休闲游带动了"车旅协同"。自驾旅游带动了房车租赁、露营地、公路旅行、综合服务区、汽车旅馆、维修保养、保险理赔、展览文创、影视传媒等"车旅协同"新业态，拉动了地方政府的基础设施建设和社会投资。

（三）端午期间自驾游、周边游和文化休闲，带动旅游市场有序复苏，文化遗产受到游客追捧

自驾游、周边游和文化休闲，带动旅游市场有序复苏。端午节假期三天，受安全、品质和家庭出游动机的影响，选择火车和飞机出游的游客占比仅为5.6%。端午假期期间游客平均出游半径111.5千米，目的地游憩平均半径13.5千米，分别较劳动节假期平均收缩了18.3%和19.3%。游客平均出游时长20.3小时，较劳动节假期下降了50.1%。从假期三天的环比情况来看，出游的谨慎态度已呈明显的缓和迹象。中国旅游研究院调研数据显示，端午节期间22.8%的游客将出境游转变为国内游，32.2%的游客认为"国内疫情形势好转，国内中长线旅游变为省内游或近程游"，53.8%的游客有意缩短游程并降低旅游花费。

文化遗产受到游客追捧，多数游客愿意参与目的地文化活动，分享目的地美好生活。传统文化融合国潮时尚元素，成为新的消费热点。广州、沈阳、西安等地区的汉服体验馆、古风摄影写真、传统手工坊国风消费订单数量可观。上海、长沙、西安等多地景区推出华服走秀、国风表演以及游客着汉服免费入园等活动。南京等地举办沉浸式国风市集、端午汉服夜间专场体验活动。广东从化、安徽芜湖、江苏镇江推出以端午传统文化为主题的研学旅游。中国旅游研究院调研数据显示，端午节期间，高达92.4%的游客体验了各类文化活动，其中游览历史文化街区的比例最高，达44.7%。

三、假日旅游公共服务和综合治理以常态化疫情防控为主基调

（一）清明假日三天，严防控、重安全、不聚集仍然是各地文化和旅游系统工作主基调

清明假日三天，严防控、重安全、不聚集仍然是各地文化和旅游系统工作主基调，旅游市场以家庭出行、都市休闲和周边游为主，总体上呈现出"城市休闲复苏，周边旅游活跃"市场特征。

根据各级文化和旅游部门的文件通知精神，各地旅游企事业单位按照"安全、文明、有序"的原则做好游客接待工作。恢复开放的旅游景区开展网上实名制预约购票、测温、佩戴口罩、健康码、无接触式入园、限流等防控措施。局部地区旅游市场已渐显强力恢复迹象。中国旅游研究院与中国电信大数据客流监测显示，清明节假日期间，新疆、青海、吉林、云南、西藏、安徽、广东、四川等地旅游市场复苏较快，游客量恢复至 2019 年清明假期的五成以上。

（二）五一假期期间，常态化疫情防控要求游客进景区和文化场馆实行预约制

常态化疫情防控要求游客进景区和文化场馆实行预约制，客观上加快智慧旅游在行前、游中和评价各环节的应用，扫码入园、刷脸通行、无接触服务、机器人送餐等技术创新已经进入了消费场景。调查数据显示，假期期间通过预约游览景区的游客比例达 77.4%，其中 74.1% 的游客认为预约旅游"体验很好"。已有超过 4000 多家景区可在 OTA 上预订门票，为确保安全有序防止游客聚集，通过技术手段对可能出现的大客流，采取远端分流限流、近端疏导等防聚集措施。

（三）端午节假日期间，景区广泛实施"预约、错峰、分时、有序"管理制度和技术标准

端午节假期三天"预约、分餐制、一米线"等旅游消费安全意识进一步增强，文明旅游蔚然成风。"要旅游，必预约；无预约，不旅游"已逐渐成为人们休闲旅游的新习惯。中国旅游研究院调研数据显示，端午节期间，有 81.7% 的游客体验了预约，较劳动节期间提高 4.3 个百分点，其中 71.4% 的游客认为预约体验很好。部分未能预约到门票的游客表示虽有遗憾，但对预约出行表示理解与支持。山东省运行 A 级旅游景区门票预约平台实现各大景区的资源整合和

预约服务。贵州省推出"一码游贵州"全域旅游智慧平台方便游客预约。河北省431家A级旅游景区已全部实现通过省平台线上预约。上海、河北、湖北、贵州、山东、山西、广东、黑龙江、新疆维吾尔自治区等地发布出行提示，倡导居民"戴口罩、不聚集、不扎堆、一米线"，就餐时采用自助或分餐制，使用公勺公筷。